最後的診斷

病理醫師許永祥的顯微世界

主述——許永祥
撰文——吳宛霖

● 許永祥踏入醫學病理研究 32 年來，抽絲剝繭為病人找出病因的心，始終如一。（上 / 薛崑城 攝影）

● 國中時全家到烏山頭水庫旅遊，前排右起為許永祥、妹妹和弟弟，後排右起哥哥、母親和父親（下 / 許永祥提供）。

● 弟弟幫就讀中國醫藥大學醫學系二年級的他拍下文青風格留影（右 / 許永祥提供）。

人醫身影

● 許永祥擔任住院醫師並就讀臺大病理研究所時，結識卓麗貞，並於 1989 年結婚（左 / 許永祥提供）。

● 1990 年，臺大病理所畢業，在老師推薦下來到花蓮慈濟醫院，開始了他在後山耕耘超過三十載的病理路（下 / 許永祥提供）。

● 1999 年帶著全家和父母同遊澳洲，在父母過世後成為最珍貴的回憶（左下 / 許永祥提供）。

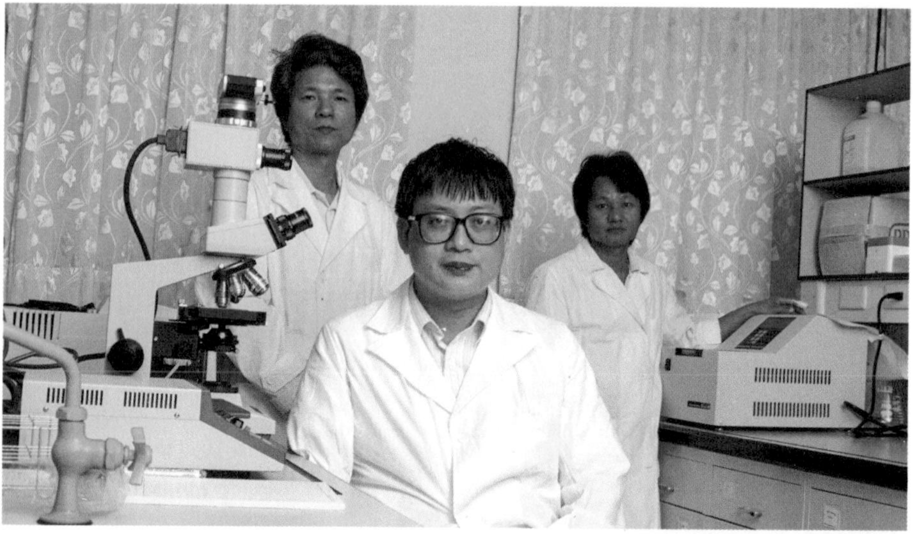

來到東部

● 1990 年 7 月 16 日許永祥醫師來到花蓮慈濟醫院報到，服務至今超過 32 年。1992 年 1 月 26 日慈濟醫學研究中心成立，他更扛起病理實驗重任。（上 / 黃錦益 攝影）

● 1995 年許永祥赴美進修回到臺灣後，在美國與他合作的南加大病理部主任培睿斯教授 (Dr. Press) 於隔年訪問臺灣，兩人同遊太魯閣。（右／許永祥提供）

● 1992 年，花蓮慈濟醫院病理解剖學科黃金陣容，左起：蘇益仁醫師、黃莉文醫師、許永祥主任與技術員程文祥。（下／花蓮慈院提供）

在花蓮慈濟醫院服務的第一個十年，2000 年，許永祥從證嚴上人手中接下十年資深員工的獎牌。（上／許永祥提供）

早期慈濟醫院同仁都是從外地來到花蓮服務，工作之餘，病理科同仁也會攜家帶眷一起聚遊。圖攝於林田山。（下／許永祥提供）

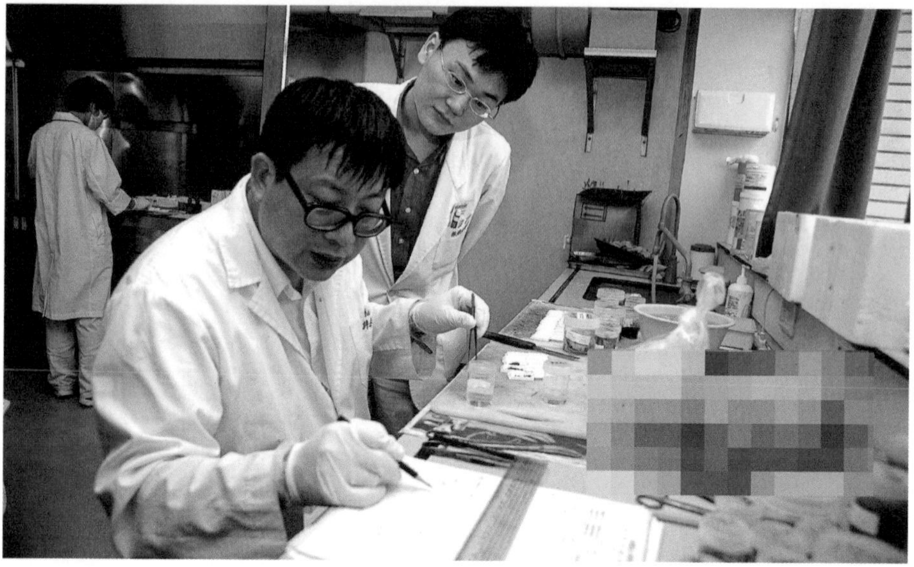

指導學生

● 許永祥教授指導學生標本製作前的處理流程。右一現為花蓮慈院心臟內科張懷仁醫師。（上 / 顏霖沼 攝影）

● 為了延續葉曙教授獎學金的精神，許永祥自掏腰包成立慈濟病理獎學金，鼓勵認真學習的醫學生。（右／許永祥提供）

● 2009 年，許永祥主任（中彎腰者）帶著慈大醫學系四年級學生進行病理解剖並同步教學。（下 / 曾慶方 攝影）

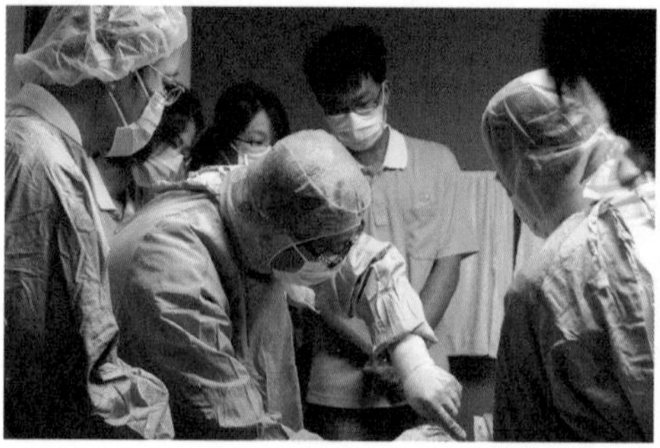

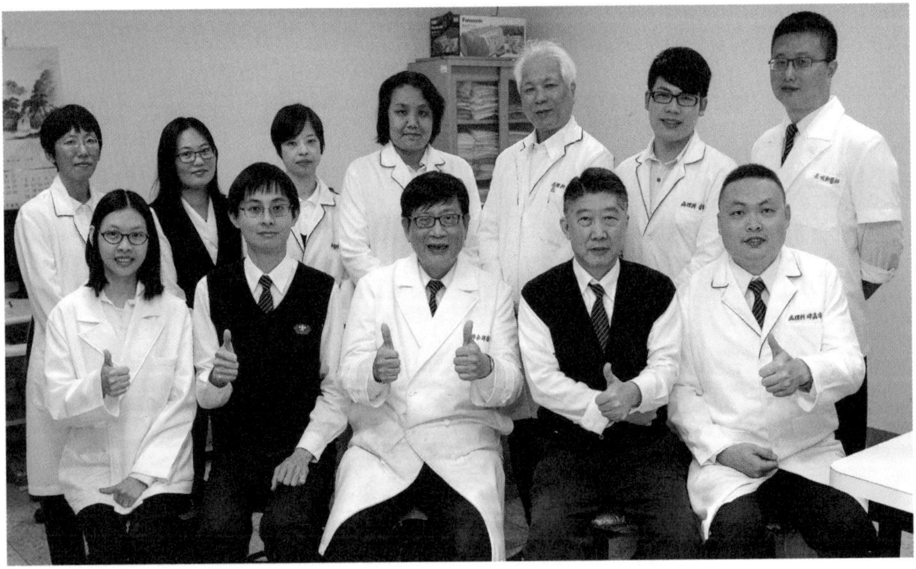

病理解剖

許永祥主任(前排右 3)與解剖病理科團隊合影。(上 / 楊國濱 攝影)

許永祥帶領學生病理解剖，他的嚴謹教學與耐心教導，為慈濟大學二十四屆以來的醫學生都打下紮實的病理基礎。(下 / 張愷杰 攝影)

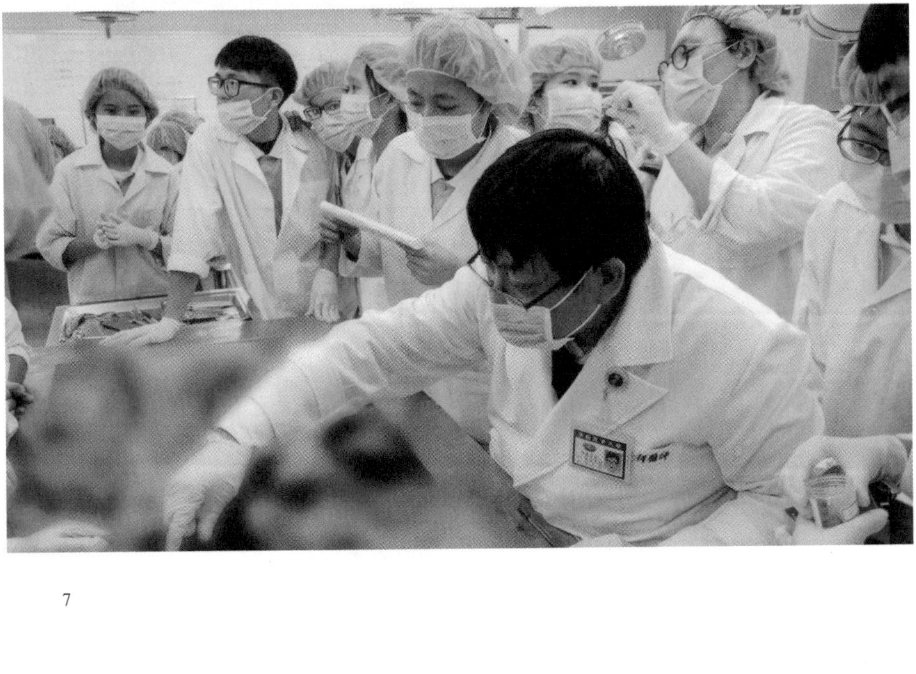

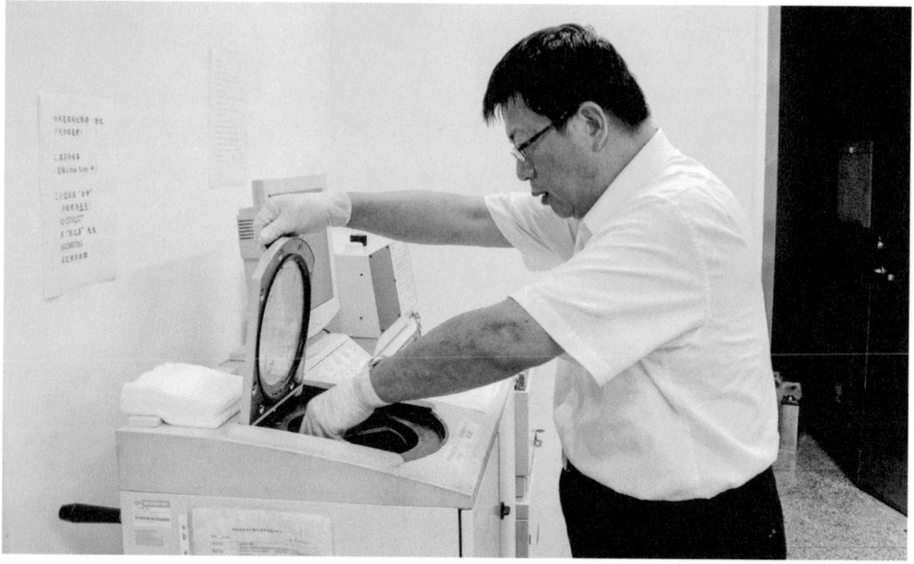

病理實驗室是許永祥的另一個家，每一份病理切片，都含藏著一個疾病的解答，一分病人能夠恢復健康的希望。（謝自富 攝影）

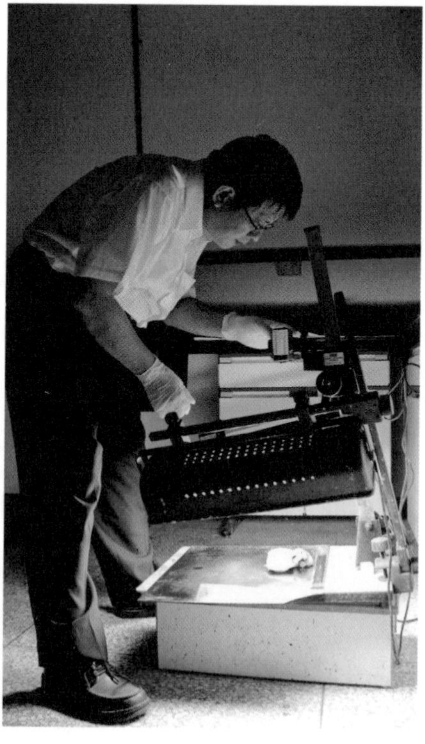

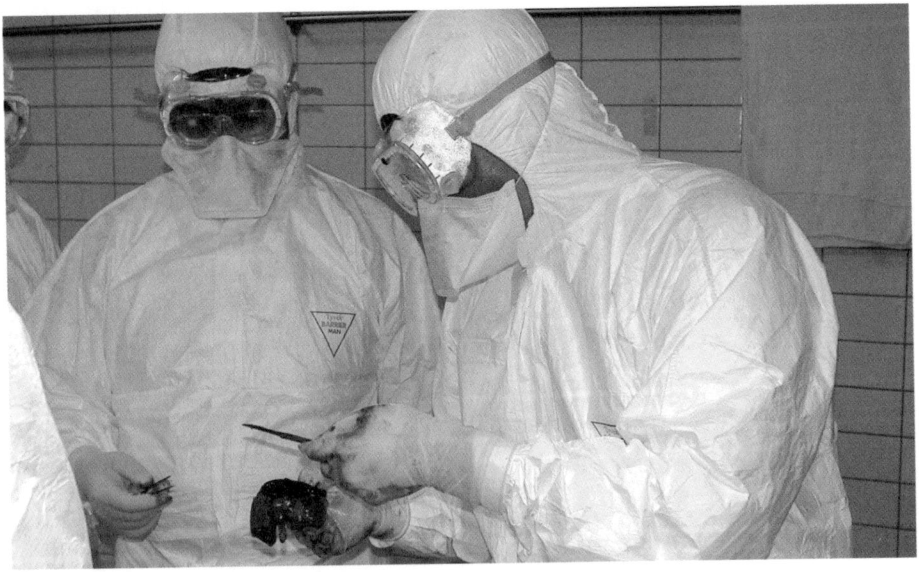

● 狂犬病在臺灣絕跡數十年，於 2002 年再現，許永祥全副武裝進行病理解剖。（上／花蓮慈院提供）

● 許永祥一生投入病理解剖與醫學教育，也讓花蓮慈濟醫院成為全臺灣少數仍在做病理解剖的醫院。（左 / 黃思齊攝影）

● 2007 年全臺灣首例狂牛病病理解剖，全程以最高規格的防護進行。（下／花蓮慈院提供）

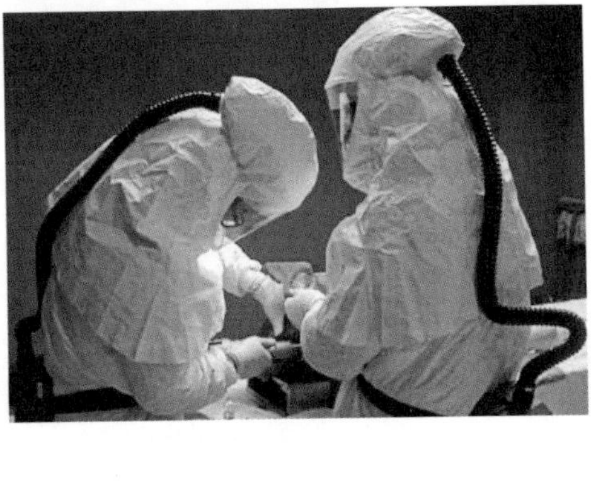

恩師、知交與同道

● 許永祥在臺大研究所學習時，影響他至深的臺大病理科教授，左起：饒宇東、許輝吉，林文士人、日本教授、侯書文、黃德修、莊壽洛。（上／許永祥提供）

● 許永祥創立慈濟醫學院病理學科後，隔年臺北醫學大學黃德修教授（左）前來支援，協助病理學系的切片和制度更加完善，讓許永祥感念於心。圖為許主任參加黃德修教授的榮退典禮合影。（左下／許永祥提供）

● 許永祥與恩師賴義雄教授（左）合影。（右下／許永祥提供）

任職於美國 CDC 疾病管制局的謝文儒教授（左）、臺大獸醫系的劉振軒教授（右）與許永祥有深厚的情誼，亦師益友，更是學術研究的好夥伴。圖為 2021 年參加比較病理學會時合影。（圖／許永祥提供）

永遠把學生放在第一位的許永祥醫師，在醫學生共識營上陪學生促膝長談到深夜，希望把他心中醫學的價值在學生心中扎根。（下 / 袁美懿 攝影）

壘球帶心

● 自 2003 年起，許永祥便陪著慈大醫學系壘球隊的同學們練球，且南征北討參加比賽，也曾看著他們拿到季軍，與這群學生的情誼也更為深厚。（上／許永祥提供）

● 許永祥醫師熱愛壘球，自願擔任壘球隊領隊。（右下／許永祥提供）

● 2022 年 4 月 28 日，許永祥的學生——吳雅汝醫師（左一）、劉冠麟醫師（右一），與許主任的妻子卓麗貞、兒女（後左二至左四）帶著許主任前往河堤旁他最熱愛的國福棒壘球場吹吹風散散心。（左下 / 林永森 攝影）

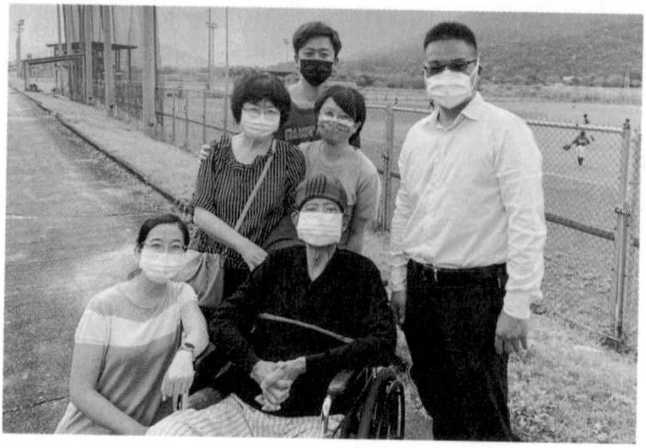

成為慈濟人

● 許永祥長期兼具懿德爸爸（志工）和導師的雙重角色，總是悉心了解並照顧學生的學業與生活，也深受學生喜愛。（上／許永祥提供）

● 2018 年，許永祥參加慈濟法脈宗門營，出坡採茄子，滿心歡喜。（左 / 許永祥提供）

● 2007 年 2 月，證嚴上人授證許永祥醫師為慈誠，法號「濟永」，圖為準備受證前，由孫宗伯醫師為他整理服儀。（下 / 程玟娟 攝影）

● 2019 年 11 月，早年自願前來花蓮慈濟醫院的醫師們與證嚴上人合影，後排右六為許永祥主任。(上 / 楊國濱 攝影)

● 2006 年 11 月花蓮慈濟醫院第一百次臨床病理討論會 (CPC)，前排左起：林欣榮院長、許永祥主任、榮譽院長曾文賓、名譽院長陳英和 (右一) 等共同切蛋糕慶祝。(下 / 黃麗蓉 攝影)

許永祥醫師（中）於 2013 年獲花蓮縣優良醫師獎。（上／許永祥提供）

2015 年許永祥醫師（右）獲花蓮縣醫療奉獻獎。（下／卓麗貞 攝影）

● 2007 年，許永祥即以鉤端螺旋體鍍銀的染色照片投稿到國際知名的世界病理雜誌《THE JOURNAL OF Pathology》獲得刊登並以該張病理切片照片做為封面，永存歷史。(右)

● 2019 年 3 月，許永祥在慈濟醫療法人的支持下撰寫《病理臨床整合圖譜》，全書圖文並茂，有詳實的病理特徵與高度臨床價值，為臺灣本土病理學經典著作之一。(右下 / 謝自富 攝影)

● 許永祥醫師屢屢發表臺灣及國際論文，圖為參加東京醫大論文發表，發表主題為腎臟移植造成的肺靜脈栓塞。(下／許永祥提供)

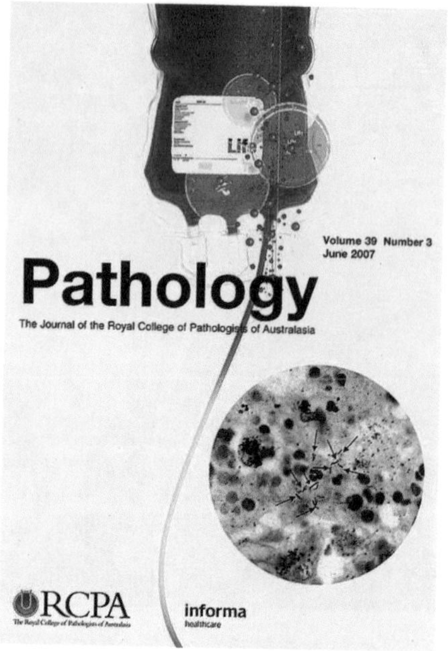

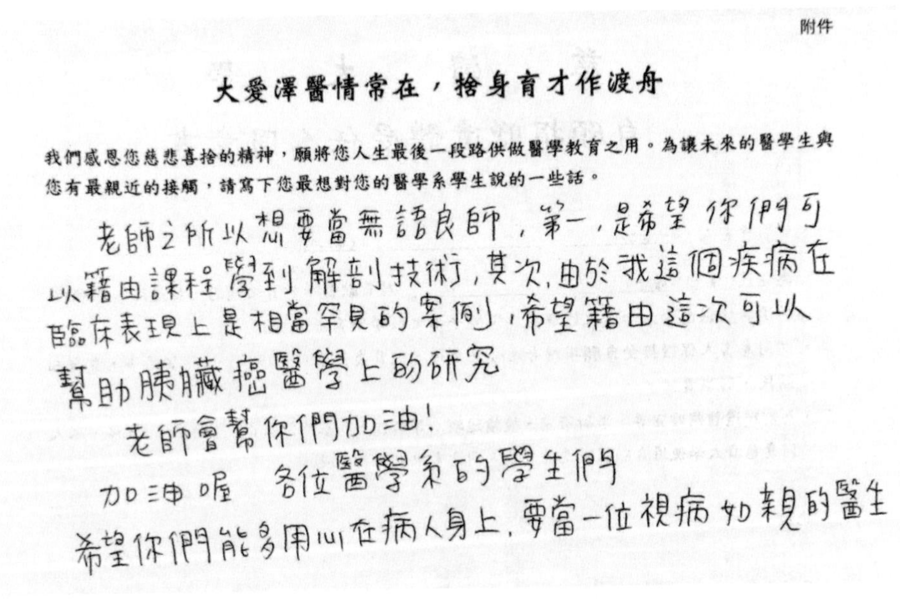
附件

大愛澤醫情常在，捨身育才作渡舟

我們感恩您慈悲喜捨的精神，願將您人生最後一段路供做醫學教育之用。為讓未來的醫學生與您有最親近的接觸，請寫下您最想對您的醫學系學生說的一些話。

老師之所以想要當無語良師，第一，是希望你們可以藉由課程學到解剖技術，其次，由於我這個疾病在臨床表現上是相當罕見的案例，希望藉由這次可以幫助胰臟癌醫學上的研究

老師會幫你們加油！

加油喔　各位醫學系的學生們

希望你們能多用心在病人身上，要當一位視病如親的醫生

2022 年 4 月 26 日許永祥簽署了慈濟大學「遺體捐贈志願書」，他說，希望最後仍能繼續當一位無語良師，用自己的身體為醫學系學生們再上最後一堂課。（上／謝自富 翻攝）

2020 年，許永祥醫師於院慶大會領取「慈濟之光 -- 服務滿三十年」獎座。他表示，來到花蓮，三十年的青春全奉獻給花蓮，他從不後悔。（下／楊國濱 攝影）

人醫人師 人品典範

釋證嚴 佛教慈濟基金會創辦人

許永祥主任在一九九〇年，從臺大轉到花蓮慈院服務，將病理科「以病為師」的成效發揮到最大，讓醫師在治療疾病時更有把握地對症下藥、治療。感恩許主任長年投入病理研究與教學，默默耕耘，不藏私、不居功，品格、情操令人尊敬！他是「國寶級」的醫療專家，是慈濟的無價之寶。

在日常生活或是在道場共修中，要以明朗的心去「聞、思、修」，才能彼此啟發化度。聞法瞭解之後，要實行就沒有困難；於行動、觀念與所聞的法契合，就是智慧。雖然許主任很少進來精舍，不過師父的法他也聽了不少。曾聽他在志工早會分享，在精進過程中對於「無量法門，悉現在前，得大智慧，通達諸法」，感受最深。

因為平日進行病理解剖時，面對每一位因病往生的大體老師，見到各種病相，就要以病理研究探求病因病源。他體會到每一位大體老師都是一部部佛經，彷彿進入了大藏經裡，發覺無窮的寶藏。許主任「法入心、智慧開」，對他而言，與其只在白紙黑字上鑽研，不如行入「活的大藏經」中體悟法理、瞭解透徹。我們也要學習許主任的精神，不斷地聽法、不斷地思考、不斷地身體力行，來印證所知，才能產生功德見證。

許主任總是以感恩心面對每一位病人的大體，雖然病患已往生，但是他們以自己的病與大體提供生命密碼，對醫療與人類健康貢獻良多。有許多奇異的病症，在就醫時查不出病因；或是好端端的人，忽然間猝死，也無法找出原因，所以常常衍生醫療爭議。其實每一位醫師都不願意生命在自己的手中流失，這樣的遺憾也會造成醫師心理的創傷。若是病患家屬不能諒解，就使僵化的醫病關係更陷入困境，這時唯有仰賴病理解剖才能找出答案。許主任曾說：「生命無價，健康可貴，只要有病人能受惠，病理科再辛苦都值得。」這是多麼大的慈悲與智慧，若沒有菩薩的精神，必定很難持之以恆。

感恩許主任從慈濟的醫療志業開始，幾十年來在慈濟醫院與慈濟大學，做了許多病理解剖與研究，建立起病理學科的規模，做到生命教育、醫療教育與典範。尤其現在社會的價值觀，很令人擔心；假如講究價錢，那樣的人生觀念，都是有限量的。有一天，慈大醫學系學生回精舍，我聽到許主任跟學生分享。他說有人用高價錢想邀請他去任職，但他認為發心立願來到慈濟，他有自己人生的價值觀，所以不為價錢所搖動。我聽了，心很震撼，價值是無限量可論，是無量無限的品格。但願慈濟的孩子們，畢業以後，人人都以人生的價值觀為重點，不要有金錢至上觀。

去年聽到許主任罹患胰臟癌，內心很不捨。今年四月二十五日上午，慈濟醫院打來電話，是許主任想與我說說話。我問他：「你好嗎？有看到我嗎？」許主任說：「上人，我現在身體很糟。」我叮嚀他：「你要讓心清清靜靜。每天張開眼睛，要珍惜因緣。若是睡了，就心無罣礙、輕緲飄搖；不論因緣在哪裡，要隨著因緣回來。總而言之，你要放心，心要放得輕輕鬆鬆、安安穩穩。不管來去都要很自在，自在輕安是很美的境界，要把握現在這一念心，永遠發心行菩薩道。師父會為你祝福，這樣你聽到了嗎？」他說：「清楚了，感恩上人。」

人生離不開大自然的法則，也許我們將來無法在每天清晨，看到許主任穿梭於慈大與慈院之間的身影。但盤點生命的價值，他那分孜孜不倦，為人師、為醫者的身教與慧命，卻會永存人間。

步步踏實 刻寫慈濟病理大藏經

林俊龍 慈濟醫療法人執行長、心臟內科醫師

不論是醫師為了確認疾病而取檢體或切片，或是手術途中切下病灶送至病理科做切片檢查，都需要病理醫師即時甚至立刻提供分析診斷，以利醫師做後續的治療或繼續進行手術。當病人因無法確認的因素往生，亦須經過病理解剖來仔細檢驗與分析，才能找出真正病症，亦有助於未來臨床醫學診斷與治療的進步。而慈濟病理解剖的靈魂人物，就是花蓮慈濟醫院解剖病理科主任及慈濟大學病理學科的許永祥教授。

許永祥主任從一九九〇年七月十六日到花蓮慈濟醫院報到，因為當年慈濟醫院是全臺灣唯一有缺病理科主治醫師的地方。而他抱著當年的一念初發心，來到偏鄉奉獻醫學良能，恆持至今。

證嚴上人開示：「人生沒有所有權，只有生命的使用權。」感恩慈濟志工們生前無私助人，亦樂於在往生後捐出大體供作病理解剖之，化無用為大用。而許永祥主任秉持「對的事，做就對了」的精神，三十多年來，帶領花蓮慈院解剖病理科與慈大病理學科團隊，完成了超過三百四十二例的病理解剖，估算每年進行約十二例的大體病理解剖。

花蓮慈濟醫院在一九九〇年九月十七日進行第一例的病理解剖，然而在一九九〇年到九四年之間，只有許永祥一位醫師獨自撐起病理科。許主任常說，一例又一例的病歷彷彿一部一部的病理大藏經。許主任經歷過危險且罕見的病理解剖案例，他勇敢穿上層層防護，如披戰甲，親手製作了狂犬病、狂牛病等珍貴的病理切片，為臺灣本土病理學，留下第一手甚至是臺灣唯一的病理切片與醫學教案。

身為慈濟大學醫學系教授，許永祥主任總是把學生放第一。慈大醫學院一九九七年第一屆醫學生的病理學課程的建立，從無到有，許永祥主任在很短的時間內準備好兩百張實習切片及所有教材；爾後許主任亦擔任醫學系導師、慈誠爸爸關懷學生課業與身心健康；閒暇時許主任還與學生成立壘球社團，帶隊也帶心；對於遇到課業困境的學生，全心全力陪伴照顧，輔導他們考過國考，甚至帶他們回家吃飯，陪著學生度過人生困惑期！亦師亦父亦友，許主任以有溫度的真情，培育無數醫學生，成為獨當一面的大醫王，惠澤人群。

許永祥主任常保對於病理學教育及臨床病理學的熱情，默默付出，他不辭勞苦，從東到西，南北奔波在各醫院、醫學院授課，他希望經由病理解剖分析出來的困難病症，能夠廣為醫界理解，如此就能搶救更多病人。在二〇二一年第五屆慈濟醫學年會上，證嚴上人透過開示影片以「偉大，就是你的名」感恩醫療團隊在 COVID-19 疫情中的大愛付出，並由靜思精舍德寋師父代表頒發醫療典範獎，許永祥主任也是其中一位受獎者。

身為證嚴上人的弟子，許永祥主任不負所獲之法號「濟永」，三十多年來步步踏實、分秒不空過的行在病理醫學的菩提大道上，完全奉獻所學給臨床病理與醫學教育，實為臺灣病理醫學、慈濟醫療與教育的典範，令人感佩。

欣見《最後的診斷—病理醫師許永祥的顯微世界》一書即將出版，得知他罹病之後還簽署了大體捐贈同意書，身為醫師願以自身病體奉獻醫學研究，至情真心，令人動容。相信這本書定能成為每一位醫師與醫學生必讀的專書，從中可以體會許主任對醫學的熱愛，對病理的堅持，對學生的疼惜，對醫療的奉獻。一般讀者也可從書中認識病理的精妙，期待病理學科能有更多學子投入，接續許主任的無私大愛與人文風範。感恩。

鐵漢柔情教育愛

王本榮　慈濟教育志業執行長、慈濟大學名譽校長

病理學是醫學領域的一門重要學科，探索疾病發生的起因、發展與變化，及整個過程對病人產生的影響。病理學對疾病研究及探討成果是日後對病患照護與治療立論的基礎。因此病理學向來被視為基礎醫學與臨床醫學之間的橋梁，也是由學術理論化為臨床運用最主要的關鍵。病理科醫師也因此被稱為「醫生中的醫生」。

病理解剖不但提供診斷、確定病因，也加速醫學教學與研究。而臨床病

理討論會（clinical pathologic conference, CPC），有如「最後的裁判」。從病程的起承轉合，病理機轉的思辨分析，到最後病理診斷的答案揭曉，可以說是一場扣人心弦的醫學探索。由於志願者的奉獻，讓醫師可以瞭解病程及病理機轉，得以檢討診斷及治療的正確性，厚積經驗以嘉惠未來病人。

由於時代變遷，各大醫學中心 CPC 教學功能逐漸式微。而師承葉曙教授、林文士人教授及侯書文教授的許永祥教授，很不可思議於充滿奉獻精神的慈濟醫院，傳承著病理的香火。從一九九〇年至二〇二〇年七月慈濟病理解剖已達三百四十二例，舉辦的 CPC 也超過一百五十例，許永祥教授也將這樣的成果與經驗分享予其他大學及醫院。

許教授教學認真，要求嚴格，是醫學系的大「當」家，被稱為「鐵漢」，但鐵漢更有「柔情」，永遠把學生擺在第一位來關心輔導。在醫學生票選的「最佳老師」之中，許教授與生化學科的葉思芳教授毫無懸念，每年都包辦前兩位。我只能勉勵其他老師要起而效法：「莫聽穿林打『葉』聲，何妨吟嘯且『許』行。」許教授秉持證嚴上人「老師心、菩薩心，愛之深、責之切」的期許，恆持不懈「教育愛」的「熱情與關懷」、「倫理與責任」、「多元與價值」，不但是「醫生中的醫生」，也是「老師中的老師」。

「斯人而有斯疾？」是每個人在得知許教授罹病「胰臟癌」時，共同的感嘆與不捨。看盡生死無常，面對生命猝不及防的斷裂，是病理科醫師的「日常」與「如常」。

盡一切努力後，許教授更豁然選擇「大捨」的放下，「大愛」的承擔，簽署了「大體捐贈同意書」，從生死無盡處走來，恍然悟到永恆。以身體作教材，為學生上最後一堂病理解剖課，是許教授與學生最美的約定，「無言說法」更是最深刻的教學。祈願許教授的「生命啟示錄」能永遠成為照亮同學們醫學之路的明燈。

致力病理醫學　人醫不悔東行菩薩道

林欣榮　花蓮慈濟醫院院長

花蓮慈濟醫院八月就要邁向三十七周年，服務超過三十年的醫師不多，解剖病理科主任許永祥是其中一位。一九九〇年，他在臺大醫院完成病理專科醫師訓練後，就到花蓮服務。走在這條看似「沉默」的病理醫學之路，他寫下許多紀錄，其中臺灣第一例狂牛病病理解剖，就是在他手中完成。

當年老師一句「臺大沒有位置，只有慈濟有主治醫師缺要不要去？」許主任就說「Yes, I do.」。因為這因緣，臺大醫院每星期派兩個老師來幫忙，直到第八年，許主任才跟老師說他可以獨立了。而許主任也成為引領慈濟大學醫學系學生、慈濟醫院醫師探究病理醫學的優良老師。

我雖然比較晚到花蓮服務，但對於許主任帶領同事、學生找出包含狂犬病、狂牛病、SARS、恙蟲病、p-ANCA 引起的血管炎、極罕見的血管內淋巴瘤……等檢驗方式或經驗，深表崇敬。俗話說「千金難買早知道」，許主任在病理的許多發現，也讓臨床醫師在治療疾病時更有把握。

以外科病理作業來說，從收件到製作成標本，需要經過許多道手續，大型個案約需四天，小型個案也要兩天，如果是急件，以癌症病人為例，醫師在開刀房送出病理冷凍切片之後，病理科醫師必須二十到三十分鐘內完成，並且做出判斷，而這個判斷對醫師的治療方式影響很大，有時大到關係是否要切除病人的器官。因此，「我不能讓病人懸而未決」一直是許主任的堅持。

還記得二年前，在院慶大會上，許主任坦言，三十年的青春全奉獻給花蓮，他不曾後悔；這些年來已累積三百四十二個病例，特別是二〇〇三年，有一個SARS疑似案例，早上被送到醫院、晚上就往生，當時緊張的疫情氛圍，並沒有讓許主任心生畏懼，時任東區防疫指揮官的李仁智醫師問他「敢做嗎？」他就回「做啊，為什麼不做？」因為他的承擔，在壓力與悶熱的隔離衣中，經過九十分鐘完成病理解剖，證實不是SARS個案，也解除了當時的危機。

身為病理科醫師，許主任常提及他特別感恩大體老師的無私付出，慈濟的大體老師就是無語良師，除了讓醫學生、醫師練習臨床技術，他們的「身教」更是病理科醫師寶貴的經驗。在許主任這本書中，可以看到許多病理經典。而最令我敬佩的是，他在生命末期簽署「病理解剖」大體捐贈同意書，在病苦中依然希望日後能對學生有所助益。他是人醫中的典範啊。

然而病理醫學是什麼？大半生奉獻給病理醫學的許主任在佛典《無量義經》中找到答案：「無量法門，悉現在前，得大智慧，通達諸法。」他說，病理解剖或是切片放在眼前，不就是無量法門悉現在前，答案就在裡面，但要怎麼解讀呢？就必須要得大智慧，才能通達諸法。

生命有限，慧命無窮。證嚴上人常開示，提醒我們人生要過秒關，生命的每一秒，一面流逝，一面成長。如何讓生命接慧命，是人生大智慧，這些年來，「濟永師兄」許主任已將佛法銘刻心中，融入在生活與工作上；同時，他也以言教、身教，與我們同行在菩薩道上，這本書不僅匯聚他一生的智慧，也堪稱是臺灣病理醫學的寶典。

有幸同行 病理典範

陳宗鷹 慈濟大學醫學院院長

二〇一三年接下醫學系主任，也開啟了我與許永祥主任在慈濟醫學教育上合作的緣分。在那之前，就曾聽聞證嚴上人與鈞長們讚歎許主任。他在臺大完成訓練後就來到花蓮慈濟醫院服務，一人撐起整個病理診斷的運作，超過三十年的堅持實屬不易。他親手完成的病理切片超過三百片以上，在 CPC（臨床病理討論會）或是 SPC（外科病理討論會）上成為範例教材廣為運用。

猶記得當初醫學系評鑑時，評委曾有感而發，臺灣幾乎沒有人在做這樣的臨床病理分析了，一方面是師資難覓，再者是做病理切片的難度等等限制，言談間流露的是敬佩與珍惜。而我們依然在做，這正出自許永祥主任的堅持。花蓮慈濟醫院解剖病理科從無到有的建立，推及至對慈濟大學醫學教育在病理學科扎根的貢獻，他的擔當與成就，應是臺灣病理界的典範。

富有教學熱忱的許永祥主任，是帶著醫學生認識疾病原因及機轉的解剖病理學教授，同時也是醫院的臨床病理教師，更是溫暖可親的關懷導師，還以慈濟志工身份擔任醫學系的慈誠爸爸。所以慈大醫學系三年級以上的學生，對「許永祥爸爸」絕不陌生，而他對於三年級以上的每一位學生也都所知甚詳。因為他的嚴謹教學與耐心教導，為慈濟大學二十四屆以來的醫學生都打下紮實的病理基礎。

永祥主任外表魁梧高壯，要在某些特別時刻，臉上才會出現笑容，但學生卻不怕他。醫學系的學生輔導委員會，每學期都會追蹤關懷因學習有狀況而被預警的同學。若經導師輔導效果不如預期，就會請永祥主任幫忙，他二話不說接下來，一對一輔導。不論情況多棘手，他都全心全意的接住，投注心力去了解陪伴，協助翻轉困境，不放棄任何一位學生。面對學生，他的鐵漢柔情表露無遺，發自內心的照顧與守護。

永祥主任罹患胰臟癌後，在醫院接受治療，許多學生後輩，合力悉心照顧著他，我想他心裡應該深感安慰。不久前，得知他簽署了大體捐贈同意書，他希望讓學生李明勳醫師和陳彥璋醫師，為他做病理解剖，希望自己的案例分析能幫助胰臟癌醫學研究，他在同意書上寫下對醫學生們的殷殷叮嚀：「要用心成為一位視病如親的醫師。老師為你們加油！」我在慈濟大學醫學系暨系友會的臉書社團上發文分享，當晚三、四百位歷屆系友湧入回應。其中一人發了私訊：「可不可以用許老師的名字，成立病理學的獎學金？」他願意先捐五萬元拋磚引玉！

聞訊，愈發感動到無以名之。詢問了許主任與師母，他們不僅同意，甚至，師母提出他們自己也要捐經費。感動三連發，系上很快擬出了申辦獎學金的項目及內容請師母和許主任過目。接續有近百位系友表達願意共襄盛舉。

其實臺灣的葉曙教授病理獎學金，大約在四年前中斷後，在慈大卻沒有停發，許主任自掏腰包，每一年都續頒「慈濟病理獎學金」予優秀的醫學生。許主任傾囊付出、鼓勵孩子的風範在前，現在由系友自主發起接力之舉，讓美意延續。以系友們自發的捐獻為主，完成「許永祥教授病理獎學金」的設立。讓以後的醫學系孩子，獲得學長姊們發心護持的病理獎學金支持，也將許主任的精神和熱忱傳承下去。

《最後的診斷—病理醫師許永祥的顯微世界》這本書如實記錄了許主任如何一步一腳印，創建與奠基了慈大病理學科，也記錄著許主任如何孜孜不倦，以精確的病理分析，救助了院內無數的病人。我很榮幸能與許主任在醫學教育之路，並肩同行，聲氣相投，感恩能得他相助，更感恩慈大醫學系和慈濟醫院能擁有這麼一位好老師、好醫師。

目錄

推薦序

卷一　靜寂清澄 守之不動——後山病理人

卷二 布善種子 遍功德田——沒有比學生更重要的事

序曲

每一個切片與蠟塊，都是一個神秘的世界；
每一個病理案例，都是一部深奧的佛經。

二〇〇六年，一位不斷咳血的八十一歲的榮民老先生，被送進花蓮慈濟醫院的加護病房，還查不出病因，兩天後就過世了。解剖之後，看到肺臟大出血，但查不出是什麼原因；還好當時血液腫瘤科吳懿峰醫師全程守在加護病房，他將所有肺部會出血的原因全部條列，老先生過世後，他總共做了八樣檢查。在其他七項檢驗都是陰性的狀況下，終於找到一個嗜中性白血球的「自體抗體」是陽性。「自體抗體」是當時我們完全陌生的疾病，於是我開始去搜尋查證，結果在日本的病理雜誌裡發現記錄。日本收集了好幾個這樣的案例，一比對，就「賓果」（Bingo）了！和榮民老先生的案例完全一樣，謎團終於水落石出。

很多人說，「病理科醫師是什麼都懂、什麼都做，但一切都太遲了」。（Pathologists know everything and do everything but it's too late.）我不這麼認為，雖然這位八十一歲的老榮民沒能救回來，但透過他捐出自己的身體提供病理研究，我們認識了「自體抗體」這種疾病，找出治療的方法，此後即時且成功救回了好幾位病人寶貴的生命。

病理，被稱作「最後的診斷」，很多原本不知所以然的疾病、或是臨床上未能理解的難題，就是透過病理醫師慢慢的抽絲剝繭，推敲探究，得以撥開疾病層層的迷霧，露出治療的曙光。

所以每個案例，在我心中都是一部深奧的「佛經」，每一個切片和蠟塊裡，都是一個神祕的世界。透過無聲的示教，告訴我們人體和醫學浩瀚無盡的道理，指引未知的方向，更是讓醫學不斷往前推進的動力。

【卷二】

靜寂清澄 守之不動

——後山病理人

想讀文也想讀醫的耿直少年

每天清晨七點以前，我就會到位於慈濟大學大捨樓四樓裡的病理學科辦公室，可以很專心的處理我想做的事，早則七點、晚則八點，我就會起身去開第一個會。

七點就上班的好處是沒有人吵，我很喜歡這時候辦公室安靜的氣氛；下班之後我也大概都會在辦公室待到七、八點才回家。醫院每個星期有院務會議、病例討論會等等，佔據了很多時間；尤其我還有大學的教職、醫學系的學生會議等等，扣除掉這些事務，一天幾乎就剩上班前和下班後比較清靜，有一點時間可以專心的做一些事。

如果白天有未能解開謎團的案例，我會回到家再繼續研究。我家師姊（慈濟師兄對太太的敬稱）都說我每天讀書讀到十二點，沒錯，「一個病例就是一部佛經」，我都是這樣告訴別人，「我在讀佛經！」因為有些還不了解或想要深究，所以晚上我在讀，假日我也沒休息，都在尋求答案。

這不斷尋求答案的過程，化為行動之一，就是「只要一日有電燈就要用功讀書」，我也是這麼告訴學生。一九九〇年，我離開臺大醫院到慈濟，至今（二〇二二年），已經三十二年了。我是南部人，從沒想過自己竟然會跨過中央山脈，而且在慈濟一待就超過三十年。這三十多年，我將每一天都奉獻給學生和醫院，我覺得我做到了。

我是生長在嘉義大林的鄉下小孩，而我出生的地方，就是現在大林慈濟醫院的所在地，那兒以前是大林糖廠的一大片綠色甘蔗田。我的祖父是臺糖的司機，所以那時候我們全家就住在糖廠宿舍裡，我至今對大林還是有很深的感情。我的父親是公務人員，當時在大林國中擔任人事主任，後來父親被調到雲林縣的莿桐國中，我則讀莿桐國小。一直到我讀完國小二年級要升三年級的時候，阿公中風了，需要照顧，爸爸就請調回臺南的南區區公所，所以我們全家就又跟著搬回到臺南。

我的父親做事一板一眼、很負責任，是奉公守法的公務人員。他其實是阿公阿嬤的養子，以前臺灣社會如果夫妻沒有生育，就會去跟兄弟或親戚抱一個過來收養，據說先收一個養子，就比較容易懷孕，阿公阿嬤果真生了一個女兒，就是我的姑姑。雖然父親不是阿公阿嬤的親生孩子，但卻是他們「很親的孩子」，他很顧家、很孝順，祖父生病後，父親馬上請調回臺南，照顧阿公到最後。我與兄弟姊妹從小看著父母服侍阿公阿嬤盡心盡孝，對我們影響很大。

我有一個哥哥，一個弟弟和一個妹妹，腦海裡對父親的印象是他對我們都很好，並不會很嚴格，他教育子女最大的原則就是要我們奉公守法。印象最深刻的是，父親常帶著我們打球。我家就在延平國中對面，傍晚的時候，爸爸就會帶我們去打球，籃球或壘球，還有桌球。爸爸桌球打得很好，所以我們也跟父親一樣喜歡看球賽、喜歡那種熱烈的氛圍。我媽媽是標準的家庭主婦，她是童養媳，而爸爸是很傳統的男性，媽媽則逆來順受，是一個很堅毅的婦女，她和爸爸感情很好，很照顧爸爸。

小時候，我過著很平凡的生活，從臺南市立公園國小畢業後，國中就讀我家正對面的延平國中。延平國中最有名的校友就是國際大導演李安！李安是我的學長、我哥哥的同班同學，所以百年校慶的時候，我受邀回到母校，校方跟我說，「你是優秀的校友一定要回來！」我問老師，是要我做什麼事嗎？原來是「要跟李安一起剪綵」！

國中時，我的功課就很不錯，我喜歡數學也喜歡歷史，覺得自己有天份。國中的老師課上得很好，讓我能馬上理解，所以回家後不用花太多時間讀書。考上臺南第一中學入學後，我就認定自己將來要當醫生。為什麼要選擇當醫生，其實心裡也不是很清楚，當然也沒有什麼史懷哲的情操，可能就是受到周遭氣氛影響，點燃了一個心中小小的火苗，想法和意念並沒有那麼明確。但到了高二的暑假，我有點變心了，甚至想要轉社會組，因為當時一些社會事件，讓我感受到公平正義需要有人發聲，油然而生的一股正義感，引發我想當律師主持公道正義，為社會打抱不平的想法。

我會想轉念文科的另一個原因，是我從國中到高中最崇拜的老師都是歷史老師。考上南一中後，國中歷史老師還送書給我鼓勵我。我高中導師王念法也是教歷史的，上他的課我都聽得如癡如醉。那一年暑假在抉擇之中，我請教王老師的意見，談過以後，他直接告訴我：「你這種耿直的個性，以後真的從事律師的話，會很痛苦。」王老師認為我成績不錯，應該讀醫科也可以。所以最後我就打消想要轉組的念頭，直接讀丙組讀上去了。事實上，那時候準備大學聯考壓力很大，我到了高三最後階段，成績都是中等而已，實在是拉不太起來。所以我們班第一年真正考上醫科的同學不到十個，考上臺大醫學院只有一個，幾乎一半都是重考，補習班裡都是我的同學。

我們這一屆是臺南一中歷年來考得最差的，臺大醫科全校就只有兩個考上，我們班一個、隔壁班一個，過去平均一年考上十個沒問題，可是那一年只有兩個！因為我們那一年聯考，數學是歷年來最難的一屆，全臺灣考生的平均分數只有個位數而已！

第一年我考上海洋大學，我連去報到都沒有，就直接進補習班進修一年，所以我也不知道自己考上海洋大學的什麼系。當時選擇想要當醫師，除了覺得可以救人，沒有什麼崇高的理念，或許也只是順著當時的社會氛圍——讀丙組的第一志願，就應該是醫學系。

不足以光耀門楣的科別

第二年我重考上了私立的中國醫藥學院，難掩興奮的心情，但也不知道自己到底有沒有天份，就只能很認真的學習。讀到醫學系三年級，病理課老師是臺大的賴義雄教授，他上課的時候，我就對病理的內容有類似「觸電」的感覺。學病理要做兩件事，學生要學會看切片，第二個就是要看大體的標本。我知道有些同學只求上課時看得懂就好，但我那時候不但學得很有感覺，還越學越投入；到了考試的時候，我還會有那種「我會！我會！」的興奮感。

看切片的時候，我不但不覺得困難，還覺得很有趣，每一個細胞的凋亡，都是有其緣由的。走病理的人會覺得病理有趣之處在於，每一種疾病都有它的道理存在。就像偵探辦案，需要抽絲剝繭，觀察各種蛛絲馬跡；臨床醫師不會無緣無故幫病人開刀取檢體，一定是因為有什麼病變的緣故，所以我拿到的檢體標本應該「一定有答案」才對；而切片就將密碼存在裡面，破解密碼，就能找出病人身上到底發生了什麼狀況。

學期末當所有課程都上完了之後，老師會幫我們複習，他把以前收集的個案切片秀出來，告訴我們下星期期末考要考跑臺，同學們就開始緊張了！我看老師秀出來的切片就問老師，「這個是不是脂肪瘤？」他很驚訝：「你怎麼知道？」我說：「看起來黃黃的。」那時候我發現，每個標本和切片我好像都看得懂、每個圖片我都有靈感。才學一年的病理，但我卻有觸類旁通、打通了任督二脈的感覺，跑臺的時候，我可以直接了當知道這是什麼，不管多難的問題我都看得懂，還覺得怎麼那麼簡單，結果當然是高分通過！那時候心裡真的有一點得意，自我感覺良好，覺得別人不會的，我都會。

老師也看出我對病理很有興趣，他就抓著我，問我暑假要不要留下來當研究助理，我馬上答應。三年級整個暑假我都留在學校沒有回家，老爸為此特地從臺南跑來學校找我，問我「你到底跑到哪裡去了？」我請老師作證，我都待在學校做實驗！所以在醫三的時候，我的動物實驗就已經做得很好了。

以前B型肝炎的觀念還不是很成熟的時候，醫界認為某些藥物會引起肝癌，我的動物實驗就是打一種鎮定安眠的藥物在老鼠身上，再加一些化學藥物作為促進劑，結果不到幾個月，老鼠身上真的就看到肝癌細胞。

醫三暑假做了引發肝癌的試驗，第二階的實驗就開始用中藥「仙方活命飲」做治療研究，但成效不是很好，後來雖然因為試驗實在太困難而中斷，可是，研究有了開始，也做出興趣來，心裡默默決定，想走病理這條路了。

大五、大六開始到馬偕醫院實習，我還是會抽空回到學校去實驗室看看。當年我只要一聽到臺大要舉辦「臨床病理討論會」，我都會主動打電話去詢問舉辦時間。醫六見習時的醫學生被稱為「clerk」，下午比較沒事，我會搭五點的計程車去臺大醫院參加五點半開始的臨床病理討論會，七點再搭計程車回到馬偕醫院繼續工作。

從臨床病理討論會，我可以學習到一個疾病的全貌，也才知道，原來病理科中有一個非常重要的工作就是做解剖。因為當時臺大的病理解剖很多，所以一個學期可以安排到十幾次的臨床病理討論會。我每週搭計程車來回去參加，持續了一年，直到醫七開始忙碌才停止。雖然每個星期那麼辛苦的來回奔波，但收穫很多，發現很多疾病連聽都沒聽過，我都是用手寫的筆記先記下來，回到馬偕醫院的圖書館再去查醫學書籍或相關論文，慢慢也開始對病理有了完整的概念了。老師問我：「你七年級實習完，要不要走病理？」我直接堅定的回答：「我要走病理。」

其實我在馬偕醫院實習結束前，獲選為「最佳實習醫師」（best intern，後改制稱「實習醫學生」）。這是從中國醫藥大學、高雄醫學院、臺北醫學院等總共四個學校、一百位實習醫師中選出的前三名，而我是其中一個。我會被選上最佳實習醫師，是因為當時我在準備病理研究所考試，所以做病例簡報時，我都會帶入病理觀點，所以獲得很高的分數。

我記得有一次美國約翰霍普金斯醫院（The Johns Hopkins Hospital）的教授來馬偕醫院訪問。我報告了一個老先生打蒼蠅，一打手臂斷掉的案例。當時為病人做切片，切片一看都是漿細胞惹的禍；B淋巴球（B細胞）演化到最後一階，變成漿細胞時會分泌免疫球蛋白，漿細胞若造成免疫球蛋白過高，腎臟就會因此逐漸壞死，進而造成全身感染。老先生為什麼會骨折，是因為骨頭都被漿細胞吃掉了，變得非常脆弱，一用力就斷了。我說這叫做「多發性骨髓瘤」。那位教授反問我，所謂「多發」是指很多骨頭斷了，但這位老先生只有手臂斷了，怎麼會是「多發性」骨髓瘤？當時我對腫瘤的觀念還不是很清楚，雖然我覺得自己診斷出的漿細胞應該是對的，但是被教授一問就愣住了。

教授進一步指導我，所謂的多發性骨髓瘤，是各個地方都會有，應該還要再做頭蓋骨或脊椎有沒有被侵蝕的確認，因為多發性骨髓瘤發作，連頭骨也會被漿細胞吃掉而造成很多孔洞。他告訴我，我的診斷是對的，但查證的部份還需要加強。大師就是大師，他讓我了解內科真的需要十項全能才行，不是只看到一點，而是從一點出發，在腦海裡馬上由點而線而面的擴散出去，要找出很多相關線索來確認眼前的疾病是不是符合心中的判斷，所以當時我就對內科系統產生了莫大的興趣。

聽完我的報告，這位美國的教授讚許我，建議我應該走病理這條路。但我那時將病人都照顧得很好，我便回他：「我以後想走內科。」

我很喜歡追根究底，解答每一個疑問，走病理非常適合我。當時會回答內科，一則因為家人反對，二則做病理研究很辛苦，還需要有一個良好的研究環境，而當時還沒找到，才如此回答，但其實我對病理的初衷從未改變。

直到七年級實習到一半，我就直接報考了臺灣大學病理研究所，心想，如果考得上就去念！因此順利考上臺大病理研究所之後，就選定了病理這條不歸路勇往直前。

堅持走病理 絕不轉科

當年要走病理這個專科，一定要先讀病理研究所，一邊讀書、一邊做住院醫師，非常辛苦；後來改了制度，希望醫學生可以先拿到病理專科，已經確定志向要走這一行了再去讀研究所，才不會蠟燭三頭燒。我們當時在先讀研究所這樣的制度下，有很多人讀完病理研究所並沒有走病理這條路，反而走到婦產科、小兒科。當時這些改換跑道同學的好處是——第一有碩士的學位，第二有了病理的基礎之後，再走其他科都所向無敵。譬如到了臨床，遇到病人的肺部問題，其他醫師都只能「推測」肺臟有一個腫塊，但研究過病理的醫師，就可以有鑑別診斷：「我認為這是 TB（肺結核）」、「我認為這是癌症」，甚至這個腫瘤切片後會怎麼樣，都可以講出下一步，所以很多病理研究所畢業後都改行，真正堅持下去走病理的並不多。

我跟其他人不一樣，我是一開始就立定要走病理這條路才去讀的。要去臺大醫學院報到當天，父親請我堂姊在臺北攔阻我，但我還是直接去報到。臺大的教授對我說：「來這裡是很好，但是很苦喔！」然後他又問：「爸爸媽媽同意嗎？」因為一般父母總是希望孩子念了醫學系就要成為一位看病人的醫師，因此選擇病理最難跨越的那一關會是父母，我當然也免不了。於是我回教授：「毋知安怎講。（臺語：不知該怎麼說）」。

因為我在馬偕醫院獲選為最佳實習醫師，實習結束要準備參加住院醫師訓練時，馬偕醫院就開了非常寬厚的條件給我，讓我可以任選科別，也就是說，不論我選那一科都會讓我留下來當住院醫師。但我選了病理，內科總醫師勸我，「我們內科名額都要留給你了！」小兒科主治醫師也說：「小兒科都要留給你了，為什麼不要。」要知道，當時馬偕醫院的小兒科，是多少醫學生求之不得、夢寐以求的好職位啊。但我堅定地告訴他們，我的興趣在病理，我會往病理走。

馬偕醫院小兒科的代理主任也是臺大病理研究所出來的學長。他看我這麼固執，跟我說：「我告訴你喔，你一定會後悔！像我兩年前讀完我就後悔了，才回來小兒科，你一定會後悔的，兩年後我的位置留給你啦！」

親族無法理解的堅持

我的父母從我開始要讀病理研究所就一直反對，等到讀完還是反對，我選擇要到花蓮他們還是反對。父母在我小時候完全沒有灌輸我要考醫科的觀念，但父親共有十個堂兄弟，我是這個家族裡第一個考上醫科的孩子，在巷弄鄰里、親朋好友之間，父母覺得很有光彩，很以我為榮。我家在臺南，在路邊有兩棟透天的店面，父親說兩間店面中間那道牆打掉就變成一大間，可以讓我回臺南開業。在老一輩的觀念裡，總覺得孩子當了醫生，一定要準備一個店面來開業。我執意走病理，他們總以為等到病理專科拿到了就好，最後還是要回歸做小兒科醫師開業。沒料到我竟然是一頭拉不回頭的驢子，堅持走病理，與他們的期待產生了很大的落差。

「我培養你做醫生，你給我走這一條路。」我的父母很傳統，反對我當病理醫師，除了覺得太辛苦，將來收入太少，主要還是因為病理醫師這個科別鮮為人知。街坊鄰居會說：「伊是做檢驗吔！（臺語，他是做檢驗的！）」親朋好友認定我是因為學醫學得不好，才去做「檢驗」，他們不理解，醫學專業要足夠的醫生才能去「做檢驗」，病理檢驗學問很深，不是那麼簡單的一件事。但是老人家根深蒂固的觀念很難改變，到最後就只能革命了。

我讀醫學院的時候，哥哥已經讀大學，他選擇公費就讀高雄師範大學，畢業就有工作，不用擔心。我讀私立中國醫藥學院，註冊費很貴，下面還有妹妹、弟弟在讀書，都靠父親一個人的薪水，另外我還有大學的生活費和住宿費等等開支，所以我是用助學貸款的方式來付學費。私立學校和公立學校不一樣，連顯微鏡都要自己買，我沒有錢，就買了一個二手的顯微鏡，還清楚記得要價八千元。我覺得助學貸款真的是德政，幫助很多家庭經濟比較辛苦的學生。

我考上臺大病理研究所後，也開始了住院醫師的生活，還應徵上病理學科的助教。助教的薪水用來支付研究所學費加上生活費，還有一點餘錢用來償還助學貸款，可以分十五年清償。我還記得當時我到臺大醫院後面的臺灣銀行要還錢，行員告訴我：「你大學七年的貸款都還完了。」我想怎麼可能，我七年都沒繳過錢怎麼會還完了？結果還錢的人是爸爸，我大學畢業讀研究所那一年，他雖然反對我繼續走病理，但看我心意堅決，又認定我讀研究所沒有錢、讀病理也不會有錢，就直接到銀行幫我還清了貸款，父母雖然沒有開口支持我讀病理，但我知道他們也是為我著想，擔心我的前途，他們這樣默默地支持著我，這分愛是我這輩子都還不清的，真的很感動。

在臺大當住院醫師的時候是真的滿辛苦的，白天做助教，晚上要值班，沒值班的時間就是做研究所的碩士論文，還要做外科標本，醫院和醫學院兩邊跑，蠟燭三頭燒！

病理科的值班和外科的值班不一樣，病理科是今天輪到你值班時，如果有五十個外科手術採下來的標本，那今天的工作就是把這五十個標本做完，所以相當忙。當時有六個住院醫師輪值，沒有值班的時候，就是做自己論文的時間，必須分秒必爭。

除了當住院醫師和讀研究所，我也在臺大醫學院當助教，臺大上課時間是早上八點，所以助教七點多就要到學校，教授就會告訴我，「我今天要上的總共有五十幾個案例」，就把一個片盤給我，我就依照教授的案例開始裝幻燈片，並在教授上課時幫忙放。上完正課，第二節就是實習課，助教的工作就是陪著學生看切片，或是指導他們，一直到中午十二點，我們都說這是「陪公子讀書」。

成家立業往東遷徙

雖然工作很辛苦，但是我在這裡認識了終生廝守的另一半卓麗貞。她從臺灣大學園藝系畢業、考上研究所後，因為還在思考指導教授所給的方向，所以就休學先到病理學科當助理，後來因為表現優秀，獲得助教的缺額。所有植物的基礎都在園藝，就像所有的醫學基礎都在病理一樣，園藝也要做包埋、脫水、切片和染色這些工作，所以來到病理學系，各個步驟她都會，也很認真，做得得心應手。

麗貞的家庭經濟還算不錯，她的父親自臺電退休後到一間大公司當經理，哥哥是醫生。我與麗貞在一九八九年結婚，那年我三十歲。麗貞是北一女的高材生，臺大園藝系畢業後考上研究所，工作一段時間後認識了我，接著結婚生子。她很溫和，但也有強悍的堅持，非常認真努力，結完婚後她想要繼續唸書，我也很支持。

一九九〇年，我在臺大住院醫師訓練結束的時候，花蓮的慈濟醫院和臺大醫院還有建教合作，臺大的病理科主任侯書文教授告訴我：「許醫師，現在臺大確定是沒有缺，那你怎麼辦？」我問老師該怎麼辦？「現在唯一有缺的地方是花蓮慈濟。」老師接著問我要不要到慈濟？我說：「很遠耶！」

當時我已經通過高考，依當時規定只要在公立醫院服務一年就能取得高考證書，才可在公立的醫院任職。所以我一直在找機會看能不能留在臺北的公立醫院服務。

臺北有很多公立醫院，當時和平醫院應該有缺，我認為病理科不是還沒找到人嗎，為什麼沒有開病理的缺？於是就去問病理科主任，他說眼前沒有病理科醫師的缺，院方就幫我安排到外科。

我後來才知道很多缺額都已經卡好了，侯教授告訴我，「人家都安排好了，根本沒有你的份，你認份就去花蓮。」他問我和平醫院幫我分配到哪裡？我回外科，他說：「害啊！無郎袂迄吔。（真糟糕，沒有人要去的科啊。）」

在老師的勸說下，一九九〇年那個夏天，七月十九日，我就到花蓮慈濟醫院報到了。

那年二月，太太生下了女兒，她很拚，一做完月子就馬上回到臺大寫論文，後來也順利拿到碩士學位。我真的很感激我的父親母親，女兒出生後，就直接送回臺南請父母幫忙照顧。那時我在花蓮上班、太太在臺北寫論文、女兒在臺南，一家三口分居三地，真的很辛苦！我七月先到花蓮就職，每個星期我都要到臺北與麗貞會合後，一起南下到臺南看女兒，看完再繞回來。幸好太太的論文很快就完成了，九月她搬來花蓮跟我會合，緊接著我們就把女兒接回來團聚。

太太麗貞剛來花蓮時，原本想女兒還小，她就專心照顧孩子不工作，但過沒多久她就覺得太無聊。而麗貞也真的是學有專長的人才，於是她後來就到慈濟護專（現慈濟科技大學）求職。

當時慈濟護專才剛成立幾年而已，一切都在草創時期，很多老師都是搭飛機從臺北過來上課，她是少數的專任教師，所以麗貞一到職就兼辦行政工作，承擔了許多總務的任務。她在慈科大當導師，其實也深深影響我日後在慈濟大學帶學生的方式。她剛接一個班級，期初就會與每個孩子個別面談，五十位學生，每位的會談都會做記錄。我看到她這樣做，就想，如果輪到我來帶一個班級，也必須這麼做。

她因為是園藝出身，接觸的大都是植物，動物沒那麼熟，所以她教生物，我就幫得上忙了。麗貞教生物的方式，也真的依照醫學院的規格來上。除了讓學生解剖青蛙等，還想將青蛙的骨頭做成標本。我想到我有一個大學室友標本做得最好，而且他一定是保存得很完善，我過年時特地去他家拜年，請他拿標本給我們看，果不其然他還留著。我們拿回這個樣品之後，就依照這個範本排列。

此外，為了讓學生可以更清楚的了解心臟的構造，每次期中，我就會陪著太太去市場去買豬心，一次買十顆豬心，讓每一組學生都有豬心可看。豬心和人的心臟構造幾乎一模一樣，麗貞將豬心打開之後還插上標籤標示，觀察左右心房心室、瓣膜、主動脈、肺動脈、上下腔靜脈等，真的非常認真。實驗做完，她還會讓學生寫心得。

我後來教學也是用了許多從她那裡學到的方法，譬如實驗完讓學生寫心得報告，就是從她那裡學到學習單的設計方法。我之前收藏的大體的標本都比較凌亂，也是受麗貞的啟發開始整理，一邊整理一邊要加上簡單的病史、照片，寫出因果關係，讓資料更完整。

一九九四年，兒子誕生，一家四口就在花蓮定居至今。

東部第一位病理科醫師

病理分兩部分，包括「解剖病理」和「臨床病理」。我是屬於要下刀、看切片的「解剖病理」；「臨床病理」就包括驗血、驗尿、驗生化，範疇包括免疫學、腫瘤標記等等。病理醫師當然也可以「雙軌並行」，拿到解剖病理執照之後，再去臨床病理進修兩年就可以考照。

身為解剖病理科的醫師，我們做得最多的工作是外科標本，這包括外科手術切下來、還有內視鏡取得的所有標本；另外還需要做細胞學。細胞學分成兩部份，一部份是子宮頸抹片，另外一部份就是體液的細胞學，譬如醫院收到肋膜積水的病人也會採樣送到病理科來，讓我們判斷是癌症還是其他原因造成的；另外包括心包膜積水、關節腔積水、肚子有腹水都會抽一些出來送來給病理科診斷。

「病理解剖」也是我們的工作之一。病理解剖就是病人往生之後，捐出大體提供醫師解剖，協助找出病因或醫學研究。常常有人覺得，解剖病理科醫師需要做病理解剖，要常常跟大體相處在一起而有所顧慮。南一中的某一位同學，考上醫科之後，大一、大二時成績都保持第一名，但是到了大三他就崩潰了。因為開始進入到解剖的課程，必須直接面對大體。但是對我來說，病理科醫師的職志就是病理解剖。如果病人是因為肺癌而往生，病理解剖時不會只取下肺，而是會全部器官都拿走，因為病理解剖的重要就是要查明真相，結果也有可能是其他原因所引起的。所以不論是因為哪一種疾病而往生，只要是做病理解剖，所有的器官都會取下來作為標本，包括腸子、肝、腎、胰，還有腦部，製作好標本固定切片後來判讀，再拿病人生前的 CT 影像來對照，尋找真實的病因。

很多人問我會不會害怕，我認為這是一個行業、一個職責，所以完全不會。也很多人問我有沒有遇過什麼靈異事件，也完全沒有。或許病理醫師需要我這種個性，或「八字」很重也說不定。換個立場想想，病理科是幫忙已經過世的病人找出致病的真正原因，不但能解惑還能嘉惠日後出現同樣症狀的病人，讓臨床科醫師可以加快診斷、對症下藥，一舉二得，加上君子有成人之美，願意捐出病體做研究的大德與家屬，一定是心懷慈悲，不忍眾生受病苦的菩薩，他們會祝福病理解剖之路明亮坦蕩如菩薩道，順風順水順因緣順人心。

我也是花蓮唯一的法醫，並擔任法醫研究所的顧問好幾年以上。為什麼要做法醫？因為國家需要我！我會去參加法醫甄選，是因為花東地區不能沒有法醫，但我真正作為法醫處理的案例其實不多，花蓮的法醫隸屬於臺北地檢署管理，有重要案件，大部分都是北部的法醫來花蓮處理。

但病理解剖跟法醫解剖還是有所的不同。法醫的解剖也是將身體全部打開，但不會取全部的器官。法醫需要知道死因，病理醫師則要知道疾病。所以法醫要連毒物學的研究都包括在內，唾液、血液都要檢查，或是透過解剖了解是生前落水、死後落水、自殺或他殺。

法醫處理的案子也有很多是疾病引起。我有一次接到一個案子，是一名在綠島的受刑人，因為肚子痛轉介到臺東馬偕醫院就醫，連續發三天的高燒後就往生了，但是醫院一直查不到原因，就會要求解剖。我會同臺北地檢署檢察官一起到臺東解剖，解剖完依然沒有答案，當時的疾管署署長要求一定要查出來，我把蠟塊寄到美國染色，才查出來是恙蟲病。

我在進行解剖時，也是承襲臺灣大學的模式進行，不論大體老師或家屬是什麼宗教，一定先依照他們的信仰做感謝儀式，先誠摯的默哀，心誠則靈，默哀後才開始進行。

每次病理解剖，都是團隊進行，一直以來都有至少兩個人合作。剛到花蓮慈院的時候，病理科只有我一個人，所以會找外科住院醫師來幫忙。第一年就是一般外科的李明哲醫師常常來幫忙。後來科裡人手增加了，做病理解剖時間縮短很多。兩個人的時候，解剖一個案例要大約三個小時。現在整個團隊一起，我當領導，我一聲令下，第一個助手從胸部開始，第二個從腦部開始，第三個就負責肚子，大約一個半小時就能結束。

現在回想剛到慈濟醫院時，在很克難的狀況下開始從無到有。各種規章計畫需要制定，各式器械都要採買。一九九〇年報到第一年，我就開始做第一個解剖案例，但當時真的甚麼都沒有，器械也從缺，要切片我必須拎著器官到臺北去。一九九〇到一九九五這幾年，算是慈濟醫院最辛苦的草創期。

後來陸續增添設備、電機和器械，很多切片都可以在花蓮由我自己處理。唯有腦部例外，因為腦部是比較細緻的器官，切的位置要精準，臺大醫院比較謹慎，一直都是要我將標本送到臺大，請神經病理專家饒宇東教授做細切，饒教授切的時候，我一定在旁邊看，自己拍照，一路努力學習。

有一次我從花蓮車站拎著一個水桶上火車準備北上，列車長問我拿的是什麼東西，我老實說是一顆頭，當然我都沖洗處理得很好也浸泡著福馬林，感覺他嚇了一跳，但當下很鎮靜的跟我說：「下次不可以！」三十年前，規定沒那麼嚴格，他還是讓我拎著頭顱上火車到臺北了。我到臺大醫院後就告訴老師這這件事，老師可能也肯定我的能力了，就跟我說，「現在器械各方面都可以了，你就直接在花蓮做！」所以後來第一個巴金森切片，我就自己在花蓮做了。

花蓮就只有我一個人，剛開始也沒有做過次專科的訓練，譬如神經、婦產科、男性生殖系統、腸胃等等，都沒有分科，必須由我一個人全部都做，臺大光是病理科醫師就二十幾位，分工很細，我不一定學得起來，但我還是盡力做好。

其實現在幾乎沒有醫院在推動病理解剖了，包括臺大醫院也是。一則做解剖沒有額外的收入，需要多花很多時間、精神和體力，所以很多病理醫師認為做解剖是額外的工作，對自己沒有好處，只要把常規該做的事做好就可以。二則做病理解剖需要臨床醫師啟動，當他們認為需要釐清病人的死因時、有需要才會請病理科醫師解剖，但礙於解剖後查出的結果如果跟醫師原本診斷不同，容易造成醫療糾紛，多一事不如少一事，現在全臺幾乎只剩下花蓮慈濟醫院還在推動了。

沉默但隨時待命的工作

接手外科的病理任務，不管是解剖還是開刀還是內視鏡，只要有標本送到病理科，從收件到製作成標本，中間需要經過許多道手續，大型個案大約需要四天的時間，小型個案也要兩天。

正常病理科醫師處理的手續，第一要先拿到外科標本，檢體從身上取下來的時候都是軟的，需要把形狀先固定起來。首先用福馬林浸泡，視切下來的標本大小決定固定的時間，零點零一立方公分就是一小時，以此類推；固定好之後，就進入脫水機器用酒精脫水，至少要脫水十個小時，隔天就可以進行包埋。包埋就是把組織放進包埋盒裡一起浸到蠟缸裡面，用石蠟把組織包覆起來，從蠟缸裡面撈出來後變成蠟塊就可以切了。每個蠟塊切片四釐米，通常蠟塊封存後，切出來的切片都是沒有顏色的，我們為了要把切片放在玻片上由顯微鏡觀察組織，想看見組織的形狀就要染色，最簡單的就是使用H&E染色（註），溶蠟染色後就可以看到組織的型態了。

註：H&E染色（Hematoxylin and Eosin stain, H&E stain），蘇木精—伊紅染色，又稱蘇木素—伊紅染色，是組織學最常用的染色方法之一。這種染色方法的基礎是組織結構對不同染料的結合程度不同。染料蘇木精可以將嗜鹼性結構染成藍紫色，嗜鹼性結構通常包括含有核酸的部分，如核糖體、細胞核及細胞質中富含核糖核酸（RNA）的區域等。而伊紅可以將嗜酸性結構染成粉紅色，嗜酸性結構則通常由細胞內及細胞間的蛋白質構成，如路易體、酒精小體、細胞質的大部分等。有時，黃褐色也會出現在染色樣本中，這是由於組織內原有的色素，例如黑色素等造成的。（資料來源：維基百科）

如果是在開刀進行中切下來的組織，需要緊急做辨識，我就會採用另一種方式做快速判別，首先將檢體做三分鐘急速冰凍，不用固定也不需脫蠟，直接切片直接染色判斷，馬上告知結果。以癌症病人為例，醫師在開刀房送出要做病理冷凍切片的組織之後，會在開刀房等待病理判讀結果，再決定接下來的動作。病理科醫師必須在二十至三十分鐘內完成所有步驟，並且做出判斷，而這個判斷將對臨床醫師的治療方式影響很大，大到是否要切除病人的器官，或是不須手術直接縫合的差別！所以，我絕對不能讓病人躺在手術臺上，讓影響他健康或生命的問題懸而未決！

一九九〇年我剛到花蓮，而在一九九二、一九九三年那段期間，是我感覺最孤獨的時候，我每天回家都跟太太說，我壓力很大。

那個時期，病理科只有我一位主治醫師，其他住院醫師都在臺大醫院受訓。我的壓力來源第一是判讀切片時沒有人跟我做雙重確認；再則我剛從臺大過來，當時經驗還不夠豐富，也會擔憂如果這個切片送來病理科判讀，我一旦決定下去，讓外科醫師開錯刀怎麼辦？如果不是乳癌，醫師開刀下去整個乳房都拿掉該怎麼辦？。

還好後來人手有慢慢增加，醫院每天都需要有值班的病理醫師，值班的人要全天候二十四小時待命。譬如有突然肚子痛來急診的病人，結果開刀後發現肚子裡都是癌症的，這種就要趕緊切一塊檢體下來送給我們診斷。

林欣榮院長是神經外科權威，但他公務繁忙，常常只能利用晚上的時間為病人手術，神經外科為病人開腦，通常開刀的位置立體定位好之後，就會先做切片，送檢體到病理科馬上診斷。診斷的結果讓神經外科醫師直接決定了往後的治療方式。一位腦瘤病人，如果我看了切片判斷是淋巴瘤，院長就會把頭骨蓋起來，可以做化學治療就好；但如果是最惡性的神經性腫瘤，就必須全力開下去了啊！至於腦膜瘤就要割得乾淨，所以我們要做正確診斷然後立刻回報。

一般外科的李明哲醫師負責做器官移植，其中肝臟移植最需要我們病理科醫師協助，幫忙看捐贈者的肝臟脂肪肝的比例。如果脂肪肝很嚴重已超過七成，就不能移植，因為絕對不會成功。

我記得有一年春節，大家都回家過年了，李明哲醫師突然打電話給我，說有一個因為車禍腦死的病人捐出器官，他要做肝臟移植，所以要我幫忙做脂肪肝檢測。我說怎麼辦，我已經回到臺南的家了。我馬上打電話看科內還有誰還留在花蓮，但大家都不在，我又想到署立花蓮醫院和門諾醫院好像也有病理科醫師，馬上又找他們，結果他們也不在院內，竟然整個花蓮沒有任何一個病理科醫師在。

還好李明哲主任想到一個辦法，因為當時捐贈者的心臟剛好要送到振興醫院，他就想可以趁著心臟送過去的時候，先把肝臟切一小塊一起搭直昇機過去，剛好振興醫院的病理科主任是我臺大的學弟，我趕緊知會他幫忙，直昇機一落地，飛車送到振興醫院後請他馬上做檢測判斷，終於解決這個難題。

慈濟第一位送出國進修的醫師

有一次，一位中央研究院院士陳景弘教授來慈濟訪問，他也是慈濟人，他的專長是做神經藥理學。第一次碰面，我就跟他很投緣。但是病理怎麼會跟神經藥理扯上關係？陳教授當時正在做一些動物實驗，他培養了一群老鼠，發現老鼠的腦部如果缺少某些酵素，就很容易激動或躁動，容易有憂鬱症、精神分裂這些神經方面的疾病；但是如果老鼠有某種基因就不會有這樣的狀況。我聽完他的演講就突然產生了靈感，如果這些酵素有抗體，那可不可以運用在乳癌上？因為臺灣乳癌患者很多，當時我正在專攻乳癌研究，所以就想要深入了解，於是向陳教授請教，一聊之後就很投契，陳教授當時在美國做研究，我就主動向院方申請，爭取出國進修。

一九九五年三月，我成為慈濟醫院第一位送出國進修的醫師，到美國私立的南加州大學（University of Southern California，簡稱 USC）進行為期一年的研究。我做的是形態學，形態學包括各種腺體各種型態，但陳景弘教授主要做分子生物，養的動物雖然沒有某種基因，但他們外觀都一樣，腦部的切片也看不出有多少變化，所以我就將從慈濟醫院帶過去的蠟塊拿來做乳癌的研究。

因緣際會，我正在做乳癌研究的時候，陳景弘教授告訴我隔壁的實驗室有一位培睿斯教授（Michael Frederick Press, Professor of Pathology）專門從事乳癌研究，就把我轉介到他的實驗室。不到三個月，我就把從花蓮慈濟醫院帶過去的四十幾個乳癌蠟塊完成 FISH 技術的處理。FISH 就是「免疫螢光基因染色」(fluorescence in situ hybridization) 的縮寫，這是一個新的技術。當時培睿斯博士和南加大合作開發乳癌的標靶藥物，我就是負責協助一部份，結果出來的成果非常好。現在全世界所有乳癌的標靶藥物就是當初他們開始做的。我很興奮慈濟的這些案例都參與其中，帶著這些成果投稿到臺灣醫學會，希望讓臺灣所有的病理醫師和臨床醫師知道，臺灣有這樣的標靶可以用了！結果投稿出去後，並沒有獲得採用，《臺灣醫學雜誌》完全沒有批評我寫得不好，只跟我說這已經是很久以前的事情。當時我很納悶，這技術在國外確實已經開始了，但臺灣根本還沒幾個人知道，於是我改投稿到《慈濟醫學雜誌》。幾年後，全臺灣的乳癌病人都要做這種螢光染色的檢查，當染色出來的基因有放大，表示細胞裡面有很多致癌基因，這時候直接用標靶來治療就很有效，否則就沒有效果。

除了在培睿斯博士那裡做免疫基因螢光染色，一有空我還到一位日本教授那裡學習熱反應。譬如一位病理科醫師拿到一個乳癌的蠟塊，但要檢查的部份其實很小，重要的是要找對地方，必須檢查細微處，癌症有沒有侵犯到血管。這需要病理醫師去判斷，要挖那一塊檢體出來檢查，過去要找出那個「特定的檢查區域」很困難，必須要先把旁邊的界線區分出來，這位日本教授就是採用熱反應把不需要的部份都燒掉，只留下真正想取樣的部位。在三十年前做一個熱反應的界線算是很先進的技術，但臺灣現在已經做得更精緻，知道是哪一個定點，用顯微鏡就可以直接圈出來了。

在南加大期間，每次南加大附設醫院腫瘤科舉辦腫瘤討論，我都會跑進去聽，一開始也沒人管我，幾次之後，主持會議的主管就問我：「你是誰？」我表明身份後，他也沒有拒絕我，我就賴著繼續聽，收穫還不少耶！

有一次聽到一個很特別的病例。病理科主任不說疾病，先講切片，講完後，所有與會者面面相覷，不知所措，判斷不出這到底是什麼疾病。這時主任就把蠟塊傳下來給大家看，那是一個我永生難忘的蠟塊。因為正常的乳房組織都是肉色的，但這個蠟塊是綠色的，也因為顏色這麼特別，我們才知道，蠟塊之所以會呈現綠色，就是血癌的癌細胞跑到了乳房，而由病人乳房挖下來的血癌細胞會氧化，所以浸到福馬林裡就會變成綠色。所以這其實是一個血癌的病人，但他以乳房腫塊的方式呈現。回到臺灣後，我也碰過幾個這種例子，但因為有學習過一看就明白了。後來在醫學院教病理學，提到血癌，我也會教學生這種案例。

除了研究和上課，在美國南加州進修的這段期間，也承受了慈濟人很多的照顧。當時我住在宿舍，慈濟美國分會（現為「慈濟美國總會」）的蔡慈璽師姊和她先生王思宏師兄怕我一個人無聊，每個星期日就開將近一個小時的車程來宿舍接我，把我載到美國分會參加活動。

到了分會我就跟著慈青們做志工，人家做什麼我就跟著做。慈濟有人文學校，需要打掃廁所我就跟著掃廁所；如果辦共修要排桌椅，我就幫忙搬桌椅。我還在人文學校的看板上，看到自己在慈濟醫院看切片的照片，心裡感覺暖洋洋的。南加州的慈濟法親都非常照顧我，麗貞帶著孩子們來美國探視我的時候，也是住在慈璽師姊的家中。

我在做志工時，曾經遇到一位師姊，她告訴我，公公病得很嚴重，已經彌留，但到底是什麼病，醫院也講得不是很清楚，想請我過去看一下。我一看到老先生的狀況，根本還沒有看病歷，就知道是和我在馬偕醫院診斷手臂骨折老先生同樣的疾病——多發性骨髓瘤。雖然那時候要治療已經太晚了，但在我還沒出國前，慈濟醫院就已經做過好幾例這種病症的解剖，是可以治療的疾病，後期也逐步發展出以骨髓移植方式做治療，幾乎可以百分百成功。

原本預計要進修一年的時間，但在剩下三個月的時候，南加大的研究室出了一個大問題。當時做分子生物的研究，會使用同位素，同位素是一種相當危險的物質，就是放射元素。我在學習分子生物時，都是使用同位素，但因為太危險，現在所有實驗室都已經不用同位素了！

美國很早就實施週休二日，一個週五，當所有實驗室的人員都準備要去度假時，廠商送了同位素來，一位助理收到樣本，就放在桌上，因為大家都在整理東西準備要回家或度假了，他就隨手把那件樣本當成垃圾丟進垃圾桶。

而週六、週日的時間都有清潔公司來實驗室打掃，清潔人員就把垃圾桶裡的同位素丟了且清運走了。星期一大家回來實驗室找不到同位素，助理說：「有啊！我有收啊！」直到最後，恢復記憶的他才大叫：「糟糕，我把它當垃圾放進垃圾桶了！」大家趕快去翻垃圾桶，也朝清潔公司運送的方向去尋找，都沒有找到。後來加州政府就下了很嚴厲的處分，實驗室必須關閉半年！

我的指導教授陳景弘教授就這樣回來臺灣，到中研院當客座教授，後來並升為院士。而我原本要進修到隔年三月，也因為實驗室關閉，什麼事都不能做，提早了三個月，耶誕節就回到了臺灣。

這次出國進修，除了學習新的領域，也確實打開視野，主要學到的是資源共享的觀念，看到美國醫療領域的開放態度。

以前臺灣很封閉，一位病人在A醫院做乳房切除，但她轉到B醫院要做化療，A醫院通常都不會出借影像的片子給B醫院，病人要輾轉很多個關卡來尋求影像，非常辛苦。

我在美國時，發現他們非常的開放，培睿斯教授要做乳癌的研究，但因為南加大的案例不多，所以加州其他醫院就將乳癌的案例全部寄給他，如此大方、大氣度讓我十分驚訝。回臺灣之後，我也將這個觀念跟學界分享，之後臺灣就改變了。因為當時，臺灣病理界其實也覺得臺灣醫界這樣的作法不合理。病人的影像並不是任何醫院病理科的財產，而是病人的個資，所以當病人提出要轉到其他醫院，需要原治療醫院的切片和蠟塊，醫院應該要出借。時至今日，我們的轉診和各種病歷影像的傳送和轉借，也都越來越方便了。

從無到有建立病理學科

慈濟醫學院（現慈濟大學）於一九九四年創校，開始招收第一屆醫學系學生，一九九五年我回臺灣後，慈濟醫學院李明亮校長就找我去，希望我能幫忙籌劃病理學科。當時我很惶恐，我只有講師資格，但校長看得起我，把任務交給我，我當然就是全力以赴。

慈濟醫學院是東部第一所、也是唯一一所培養醫學專業人才的院校，更是證嚴上人希望為東部栽培良醫人才，結合醫療和教育的第一步，我身負重任，更必須慎重以對。

醫學系的課程規劃，一年級一定是上生物、英文、國文、數學，以及所謂的博雅課程，學習醫學人文。二年級除了持續上博雅，還要上化學、生化，三年級開始上解剖，病理則是四年級的課程，生理、病理、藥理都要整合。前四年上基礎醫學，五、六年學習急救並開始到醫院實習，進入臨床醫學的領域。所以招生之後，第一屆醫學生入學再過兩、三年，病理學科就要上場了，必須提早準備。

病理學科要負責所有的病理課程，除了醫學系之外，護理系、醫技系、公衛系還有物理治療系（物治系）都有病理課。當然其他學系的病理課程上的時數和深度和醫學系不太一樣。

我因為身兼慈濟醫院「解剖病理科」和慈濟大學「病理學科」的主任，就直接把醫院和大學做整合，等於有兩倍的人力可以用，每家慈濟醫院的病理科醫生都兼任慈大病理學科的老師，學校老師也可以支援醫院的工作。

聚集全臺灣最有心的病理切片

我當時的計畫，就是要按照臺大醫學院的規格和規劃來做，幸好我在臺大做過助教，了解臺大授課的情形。臺大醫學院星期一到五早上都病理課程，第一節課一定上正課，第二節課一定是上「大體病例」，就是以解剖案例做分組討論，第三、四節課就是學習看切片，每天如此！

慈大的第一屆醫學系，邀請很多臺大醫學院的老師來幫忙，他們每週特地從臺北搭飛機到花蓮來上課，所以課都排得很密集，比方教授心血管的教授可能來一趟，上四節課就要把心血管的正課全都上完！接下來的二、三、四堂實驗課就都是我接手負責，我就要趕快進行解剖討論，還有看切片，必須在下一個教肺臟的教授來上正課前，完成這些實驗課。

在臺大醫學院，所謂的正課，就是今天要講心臟，這一堂課就要包括心臟的結構、各種心臟的相關疾病原理和各種病理機制都要說清楚，例如心肌梗塞的原理是什麼、切片是什麼，都要讓學生清楚知道。接著第二節課就是接解剖案例，例如歷年來有五個心肌梗塞的例子，就分五組討論，星期一第一組的同學到A房間，隔天第一組跳到B房間，第五組就回到A，討論不同的面向主題，讓學生融會貫通。

我希望慈濟醫學院也能照這個制度和精神來教，但臺大醫學院病理科有二十八個教授，慈濟沒有，只有我一個人負責所有的實驗課，搭配過來支援的教授上課，所以非常辛苦，也戰戰兢兢。當時授課急需很多的解剖案例和切片，感恩醫院的社會服務室很幫忙，常常協助勸募住院的末期病人捐大體做病理解剖，所以從我到醫院就職後一直到開始籌備醫學院的病理課程時，已經累積了七、八十個案例，而這些案例都要夠完整才可以做成教案。

當然上課最重要的教材就是切片，我們累積了七、八十個自己做的病理解剖切片，但數量遠遠不及幫醫學生上課所需，慈濟大學醫學系第一屆的學生在一九九七年就要開始上病理課了，時間非常的趕。那麼短的時間怎麼來得及？來不及還是得硬著頭皮去蒐集足夠的切片，為此我還跑回「娘家」臺大去請求支援，還到別的醫院請他們幫忙提供一些；甚至還拜託臺大獸醫系，他們也提供了一批珍貴的切片給我們。所以第一屆的慈濟醫學系生，有了二百種的切片可以觀看學習，這都是我跟著兩個搭檔，把兩百張實習切片和所有教材，在一年以內刻苦耐勞地準備好。

以前獸醫系就在醫學系旁邊，常常互通有無，所以跟臺大病理科的關係很好。臺大獸醫系的教授跟我很熟，劉振軒教授曾和我一起建立「中華民國比較病理學會」，是比較人和動物之間的病理。比較病理學會成立那一年我人在美國，一九九五年我回臺之後，就馬上加入。以前很多人醫看不起獸醫，其實「人畜共通」，人類和動物很多疾病都是可以互相傳染的。所以為什麼我切片不夠的時候，要跟獸醫求援，因為獸醫有很多精彩的切片。

以「隱球菌」為例，這種黴菌在動物身上很常見，最多就是在鴿子的糞便裡，鴿糞如果掉落在地上，剛好又被人吸入就會被感染，只要用藥得當，就可以完全痊癒，所以我們很難拿到這種隱球菌跑到腦部的解剖切片。只有愛滋病人因為沒有免疫力，病人如果不幸往生，我們才有可能拿到這樣的標本，但機會太少了；可是動物就很多了！所以我認為獸醫是我們的貴人，尤其是病理科，真的就是「貴人相助」。不只這樣，我在蒐集切片時，就直接打電話給劉教授，我問：「劉教授你有沒有隱球菌？」他說：「有啊！」他問我要做什麼，我說第一年學生就要開始看片子了，我要做實習切片讓他們學習，而隱球菌是他們必須要會的。

劉教授非常貼心，他說：「許醫師你不用切！」我問：「為什麼？」他說：「我請助理幫你切、幫你染，然後我用一個切片盒寄到你那邊！」感恩劉教授所有的事都幫我設想周全，真的好貼心，讓我好感動！

劉教授提供的切片從第一屆醫學生一直使用到第十五屆，已經都快要褪色了，在十五屆教完以後，切片真的褪色了，怎麼辦啊？我就再打電話給劉振軒教授，再問一次還有沒有新的切片，他說：「有啊！臺大獸醫最近又解剖一隻馬來熊，整個腦部裡面都是隱球菌！」他又立刻提供給我，但這次不麻煩他們切了，我可以自己來，請他直接寄蠟塊來就行了。所以我可以誇口，我們慈濟大學的隱球菌樣本，絕對是全臺灣醫學系最豐富的，而且我們能看到的隱球菌，是一顆一顆非常清晰，是最精彩的！

如果我沒有去跟別人互動，對方怎麼會知道，原來我們的學生──「人類的醫師」也需要看這些切片。如果溝通的管路很通暢，我需要什麼只要講一聲，他們就樂於提供幫忙；當然他們需要我幫忙的時候，我也會全力支援。

另外的一個例子，弓漿蟲，也是愛滋病人腦部容易感染的一種原蟲。我們之前曾有第一個從臺灣愛滋病患腦部切下來的樣本，之後就很少再有那麼完整的弓漿蟲的切片。

弓漿蟲也是如果病人在生前就被診斷出來，只要用藥就可以很快消滅，所以很難找到樣本。如果是動物，牠們不舒服不會說話，也不是所有動物都有症狀，獸醫也不一定看得出來，可以即時去診斷和治療，常常都要等動物死去了後解剖才能發現。所以我又找劉教授，我一開口，他馬上說：「沒問題！馬上寄一個給你。」他從不藏私，都是選最好的給我，所以我可以大膽的說，慈濟醫學院的醫學生看到的弓漿蟲，是全臺灣第一的，是最漂亮的。

這種革命情感非常難得，所以我最願意幫忙的也是獸醫。劉教授只要是動物的標本切下來有問題，他馬上寄圖片給我，當天晚上我就幫他們診斷，互相幫助！

劉振軒教授與我亦師亦友，他是獸醫，也是臺大分子暨比較病理生物學研究所教授，我後來計畫將我蒐集的病理實習切片和大體標本整理出一本《病理臨床整合圖譜》，但我做到一半的時候已經失去信心，雖然已經寫好了，但我太忙，不想再弄下去了。一天我去臺大找他，把我的稿子給他，他一看就說，「那麼好的東西怎麼可以放棄！」

那時候他剛好退休，他說他退休有足夠的時間，他來到花蓮，我們兩個坐在一起，一字一字的讀，逐句討論這句要怎麼修改，劉教授出過很多書，知道如何編輯，連書目的筆畫、索引，他都幫我負責做第一次文字校訂，我則負責第二稿，而最後的總校閱也是他幫我完成的。人生難遇知己，我卻在跨領域之處結交了這位兄長、這位好友，真是人生一大幸事！

承載祝福和幸福的標本

後來慈濟醫學系的標本切片逐漸增加，我不敢說數量是全臺灣最多的，但我們的確是最有系統也最用心整理的。現在已經有五百多片的切片，包括許多罕見的疾病，慈濟都擁有臺灣唯一的切片，會有這麼多，其實都是很多人背後不辭辛苦的幫忙與付出。

有一個星期天上午，我突然接到林欣榮院長的電話，他說他現在人在大林慈院，他有一位巴金森氏症的病人因車禍往生，得知消息後特地趕去嘉義處理。他問我，病理科有沒有巴金森氏症的實習切片，我告知說「沒有」，林院長就說，他馬上去解剖室取腦，我原本覺得這應該是我去做的事，但林院長跟我說沒關係，他馬上取，取好會直接帶回花蓮，隔天他就帶回標本了；我們收到就仔細的做切片，發現這是我們第一次碰到最典型的巴金森氏症的病例。

林院長在外地遇到病例，還隨時想到我們的病理教學實習切片，不辭辛苦的幫我們帶回花蓮。所以每次我上課教到巴金森氏症，一定會把這個故事告訴所有同學，要珍惜我們今天看到的這個標準個案。

還有另一個也是稀有的個案「漸凍人」，也是慈濟人奉獻出來的病例。

有一位北區的資深慈濟師姊，她的父親原本是師範學校的教授，突然漸漸的感覺到四肢無力、呼吸也困難，到醫院檢查被診斷為漸凍人。他的行動、運動功能慢慢退化，到最後連呼吸都有困難。

師姊父親生前的遺願，就是希望自己往生後將大體送回花蓮解剖。老教授往生後，家人依照遺願把他從臺北送回來花蓮慈院，我們解剖之後，確認是標準的漸凍人病理切片。我每次教到漸凍人，都是拿這一張切片作標準案例來幫學生上課。這些切片集結了很多令人感動的事。一是慈濟人就算生病也沒有忘記一定要回來做出貢獻，二是我們完成了他的心願，讓醫學生能親眼見到漸凍人的實習切片，這林林總總的心意，都是慈濟醫學院學生的幸福。

每一張切片都非常珍貴，我也將他們當作是第二生命一樣，非常的愛惜。最早切片都存放在醫院後棟的十一樓，我記得有一年花蓮遭遇非常強大的龍王颱風，隔天一早風雨稍停，我趕緊到醫院檢查切片。幸好前一天已有警覺，在窗戶周圍塞滿了毛巾和海綿，但當我過去時，地板已經淹水，還好切片盒前一天都鎖起來，安全無恙。我後來在研究室四周都加上鐵捲門，避免類似狀況再發生。太太對這件事耿耿於懷，她常常講，那天雨水也灌進我家，我家的鐵捲門都掀開了，採光罩都飛走了，我卻急著趕到醫院看標本是否安全。

病理大師檢定審視　奠定基礎

各種因緣的俱足才能成就一件功德，說到貴人相助，還有一位重要人物非提不可。病理學科第一年籌備結束，李校長知道我很辛苦；我只是講師，卻承擔了大部分的教學規劃和行政事務，所以他請了臺北醫學院退休的教授——黃德修教授來幫忙我，真正為慈濟大學病理科奠下基礎的是他，最有功勞的也是他！

第一年的醫學院病理是我帶起來的，再加上臺大醫學院老師們的協助。當我在臺大受訓的時候，黃教授也在臺大，所以我們原本就認識，彼此了解；

第二年黃教授一來，馬上就加入教授課程，並由他開始來督導。他是一位真正的學者，一個病理學家，督導得比我嚴格多了。

首先，醫學院草創時我準備的兩百個切片，是在有一點點很急迫的狀態下做出來的，所以有些瑕疵。黃教授先每一張去檢查，然後告訴我們哪裡有瑕疵，每一天他都會列出我們缺少的切片說：「許醫師你去找，看看有沒有這類的疾病，我們要補足。」我記得很清楚，從第兩百零一片，就開始補切片，而原有的切片也要開始汰舊換新。當時黃教授檢查完切片都會作標記，品質好的他會寫A，B是中等可用，C就是要淘汰，所以我們清楚明白，哪一張實習切片是不能用需要換新。

此外，慈大所用的標本也都是在黃德修教授任內完成的，我們的每一個標本都有綁線，做得非常漂亮紮實。黃教授將他在臺北醫學院時的作法傳授給我們，標本下面有一個底板，他拿著有釘子、有孔可以綁線的樣本，直接告訴廠商：「我需要這樣的底板。」每一年的暑假、寒假，他就找工讀生來幫忙，而且一定要醫學系、上過病理課的學生才能來工讀，因為要幫標本綁線，上過課的學生才知道這些標本是什麼樣的疾病，所以我們的標本板上面用手術縫線來綁線，真的是綁得很漂亮，而且很清楚！

這兩百個標本全都用盒子加福馬林保存，然後加蓋彌封起來。黃教授還為每個標本做好文字檔案，每個標本盒後面都有文字記載這個病人的病史，以及疾病的特點。

標本切片歸檔數位化

黃教授把每一個檔案、最後的文字都弄完整了，我那時候思考，如果只有看實體標本這樣足夠嗎？因為那時候很多資訊已經開始電子化了，所以我從醫學系第三屆的暑假就開始進行數位化的工作。

為了要幫每個標本都做完整的數位記錄，我請學生拿刀片把標本盒的封口膠除掉，再小心的把標本拿出來，一張一張的拍攝。拍的時候先拍低倍、再拍中倍、再高倍。兩個學生負責拍照，兩個學生負責處理數位檔案，把拍完的標本再放回去，另外再兩個學生負責做封膠的工作。結果這些數位的成果做好了之後，一用就二十幾年，我都佩服自己，當時怎麼會有這樣的遠見。

真的很感謝這些學生就這樣陪著我做這些工作，當時一起幫忙的學生，包括現在花蓮慈濟醫院血液腫瘤科的黃威翰醫師、拍照最厲害的就是現在在大林慈濟醫院的孔睦寰醫師，還有現在到輔仁大學附設醫院急診科的楊子孟醫師等等，我到現在都非常懷念，想到沒有他們的幫忙，真的沒辦法完成這麼龐大的數位化工程，而且他們沒有拿半點的工讀金，全部都是心甘情願。以前我也不知道要申請工讀金，他們也是憨憨的做，老師拜託他們做什麼就做什麼。

數位檔建立好，不管哪一位教師要上課，都可以取用。今天如果老師要教肺臟，馬上點出要使用的素材，助理就可以全部拿出來。肺癌、肺炎、肺結核都有；如果要教癌症，不論是肺癌、腺癌、還是小細胞癌，也都全部可以找出來。

任重雖道遠但做就對了

我很幸運，當年決定要到花蓮任職時，臺大的師長叮嚀我就算離開臺大，對未來也要有規劃、還要傳承臺大病理科的精神。來到慈大，李明亮校長要我開始籌備病理學科，接下任務，我用盡了全部的精力來投入，就像證嚴上人常講的，「做就對了！」我沒有設立太大的目標，那時候的想法就是先做，腳踏實地的做，就這樣一步一步的往上堆疊，我不敢說時至今日，到底有了多大的成就，但至少講得出來的疾病切片和資料我們幾乎都建立了。

接下病理學科這個重責大任後，我第一個就是設定第一屆的學生要有兩百件實習切片可以學習，一年內我就勉力完成了。當時我志向很大，要做別人做不到的。我還請學校總務主任幫我買五臺的X光讀片機。以前的讀片要有一個燈箱把片子插上去判讀。我有一個課程叫做「大體病理」（GROSS TEACHING），一學期上兩次到三次。我的想法是，我們要做到不只是可以看到這些病人的標本。教的時候分組，讓每一組都能看到X光，譬如肺癌病人的X光插上燈箱，學生就可以看到病人在疾病的發生時，生前所照的X光片和去世後採樣的標本互相對照。不過實施到第三年的時候，全臺灣的醫學影像都變成數位化，就不再洗出X光片了，雖然後來沒有落實，但當時我的想法還滿先進的。

我很感恩花蓮慈院的曾文賓院長（榮譽院長），只要有什麼需要，我都直接去找他幫忙。曾院長講過一個故事鼓勵我，到現在我都還記得。他說，當年大林慈濟醫院在籌劃的時候，他就告訴大家，「要趕快開始，才知道缺了什麼。」我覺得這個想法很正確，因為永遠都沒有準備好的時候，如果要等到準備好了才做，延一年、延兩年，一延下去就沒完沒了，很難開始。

這些切片，是我從籌備期就開始準備，每一個切片的由來，病人從哪個醫院來，幾歲得了什麼疾病，應該怎麼切，學生讀實習切片需要看哪些部份，包括低倍顯微鏡要看到什麼，中倍、高倍顯微鏡分別要看到哪些素材才能診斷出疾病，我都備註得清清楚楚，所以學生很幸福。

醫學生一年要看一百八十片病理切片，每一片都有詳解說明。譬如一個大腦切片，肉眼就可以看到有一個空洞，從這個空洞裡面做切片，用顯微鏡低倍可以看到很多壞死的組織，中倍則可以看見組織裡面有發炎細胞，調到最高倍，還找到了勾端螺旋體。像這樣總共五百多個案例都是我整理的，每一個疾病都鉅細靡遺的寫出來，不只有文字檔，還有拍好的照片，學生可以一邊看一邊對照文字檔。

這就是用心。前三年最辛苦。每個切片要建立這些檔案，從本身切片建檔，然後拍照也要存檔、文字記錄，所以很辛苦，但不管多辛苦，現在也已經累積了五百多個珍貴檔案。

這就是病理迷人的地方，透過解剖的切片，你會看到、找出許多肉眼看不見、卻足以影響我們健康和生死的關鍵，因為有這些切片，看到了致病的原因，才能找到對治的方法。未來，醫師眼前若出現有同樣症狀的病人，就能立刻確認診斷並給予最有效的治療，病人也有更大的機會完全康復。生命無價，健康可貴，只要能有病人受惠，病理科再辛苦都值得。

【卷二】

布善種子　遍功德田

——沒有比學生更重要的事

接住每一個孩子

我的興趣就是跟學生打壘球，我是領隊。一年一次的「小醫盃」壘球賽，就只有三隊互打，開球是我，頒獎也是我，我都會在場。

第一屆開始就是我在帶，帶了二十二屆。我帶小孩打球是有用意的，其實裡面有成績好的孩子，也有問題孩子，但都喜歡打球。在陪他們打球當中，也要灌輸他們團隊的精神，他們很合作，狀況比較好的孩子會輔導比較弱的同學。

不記得是從第幾屆開始，我們每年去參加全國醫學系系盃的比賽，也不知曾幾何時，他們這些選手的默契都變得非常好，最後輸贏都是另一回事。

當最後頒獎時，兩隊的人馬都會互相敬禮，各隊都會感謝對手，因為有對手，才能比賽。接下來不但感謝老師陪伴他們，還感謝裁判，最後再感謝場地。這是我們慈濟大學的獨有文化，他們不論到哪個場地比賽，都會感謝。典禮結束後，我們學校的選手會留下來整理完場地、歸位才離開，每一年都給我很深的感觸，這就是我們慈濟的教育，到現在都沒有改變。

一九九四年，慈濟大學創校第一年我在美國，我回來的第二年，「慈誠懿德會」就把我拉進去，我還沒當導師，就開始做慈誠爸爸。慈誠懿德會是由慈濟志工組成，也是證嚴上人所創立的，從慈濟護專一九八九年創校就組成了，希望慈濟資深志工能以父母對子女疼愛的心意來關懷這些從各地來到花蓮讀書的孩子。

我這個慈誠懿德爸爸從第二屆開始，做了兩屆共十四年，後來我當醫學系導師，也是認真的陪這些孩子長大。當慈誠懿德爸媽，最重要的就是關心這些醫學系的孩子，當他們考上慈濟醫學系，還沒入學前，我們就會先做家庭拜訪、看看孩子。每一位新生都會有一位慈誠爸爸和兩位懿德媽媽陪伴一直到畢業，甚至畢業後仍會持續聯絡。譬如我這一組分配到十三位大一新生，慈誠懿德爸媽就會分別到新生的家裡去了解他們的父母、成長過程等等，不管孩子是住在哪個縣市，都會去探訪，所以當新生一入學，慈懿會爸爸媽媽與孩子彼此就很熟悉，孩子們也可以更快融入這個新環境。

把學生當成自己的孩子

有一位現在已經在北部某大學附設醫院擔任主治醫師的學生，與我有很深的緣分，當年他曾經歷過一些波折，但通過這些考驗後，證明了他其實是一個很棒的孩子。

他在就讀慈濟醫學院時，因為病理學考試沒通過，必須延畢一年。那時候來幫忙的黃德修教授就叮嚀我要把他拉住。當時我正好是這個孩子那一組的慈誠懿德爸爸，我自己帶的孩子竟然帶到不及格，讓我對他特別關照。那年暑假，我跟他的母親商量好，讓他整個暑假都跟我待在一起。我把他拉在身邊，從最基礎的開始教他，包括怎麼看顯微鏡，一步一步幫他重新複習。那時，這孩子每天跟我一起做病理研究到傍晚五、六點，再跟我一起回家吃飯，老婆就開玩笑說，「今天怎麼又多一個人？」因為我常常帶孩子回家吃飯，太太也變得跟我帶的孩子都很熟。

跟著我重新學習一輪之後，重修時他就得到第一名了。病理學第一次沒過其實是因為他不夠用功。我買了很多病理學的書送給他，讀到大五、大六的時候，他對病理產生了很大的興趣，一度在畢業前想選擇將來走病理這一行。結果聽說他被父親臭罵一頓，他的父親也打電話來詢問。要走病理科通常都很難通過父母這一關，這是因為臺灣人栽培孩子要當醫師時，都會被社會既有的價值觀所左右。這孩子最終還是沒有成為病理科醫師，而是一位很優秀的急診醫學科主治醫師。

我自己的父親因為很反對我走病理這一行，常常潑我冷水，叫我不要一直灌輸學生走病理這條路，他跟我強調：「你覺得好，別人不一定覺得好。」他認為路那麼長、那麼遠，說不一定最後選了內科，病理很強，也是可以變得很厲害。

父親這樣說是沒錯的，病理是醫學的基礎，如果病理學得好，進入內科領域輕而易舉，也會因為有病理基礎而更強。因為要做醫學研究，懂得病理是必須的。當拿到組織，病理會告訴你病因，不論是癌症、是漸凍人，必須要有病理基礎，才能拿著檢體分析。漸凍人要以組織培養才能看出基因表現，也才能對症下藥來治療，所以醫學研究的基礎還是病理。

醫學系每年每一班都會有兩、三位比較有狀況或跟不上的學生，醫學系主任都會請我輔導，因為他知道我會承擔下來。

剛開始這些孩子都跟我說：「老師我只要畢業就好。」後來就說，「老師我只要國考過就好。」我就是一關一關輔導、陪伴他們，最後他們全都考過了。有的已經在找工作，有的已經是住院醫師要升主治醫師，但大部分都沒有留在花蓮服務。天下父母心，不只是孩子的意願，很多是父母特地打電話來拜託我，覺得孩子好不容易考上醫學院，已經在花蓮讀了這麼多年，不應該再留在東部。我想起自己以前走病理這條路也是沒有獲得父親的支持，他就是那個時代的傳統父親，嘴巴很硬，甚至我來花蓮服務，他也很生氣，後來他自己來慈院參訪過，也見過上人，知道勸不回我了，而我做的事確實也對臨床和醫學有幫助，他就不再反對，慢慢的氣也消了，只是這一直是他的遺憾。

我有一個學生是歷年來遭遇最慘的一位，但在我輔導他之後，國考一次就通過了！這讓我更堅信這樣的作法是對的。他在大三時，解剖學這門課被當，包括解剖組織、神經、胚胎總共十六個學分全部沒過，沒過的話，隔年一定要重修。隔年他重修過了，進入模組，他在感染模組時是由我主課，課程條文規定五十分及格，他差一分拿到四十九分，我鐵了心就是不讓他過。我跟他說：「你四十九分就是四十九分，我不能因為我輔導你就讓你過。老師該有的要求還是得要求。」我就這樣把他拉下來，結果隔年他要重修一次感染模組的課，但當時學校已經把這門課拿掉了，我為了他特地另外開一堂課，一對一教學。

之後他準備國考，我也是幫他複習，那十八週裡一星期只上一堂課。但一小時裡面，我會幫他複習所有綜合性的內容，不只病理學還有藥學等等。比方說，為什麼病人會感染，可能是糖尿病；為什麼糖尿病會感染？容易有哪些細菌哪些黴菌？綜合性的幫他做一個清楚的架構。

十八週結束，他去參加國考。考完那天下午三點半，我在睡午覺，聽到手機一直響起，我接起來後對方傳來：「老師，我好像過了！我考一百三十二分！」國考一百二十分就及格通過了，我邊說恭喜，心裡也忍不住興奮！我趕快傳訊息通知他的母親，「你兒子通過國考了！」這位母親還吃醋地說，「這孩子怎麼這樣？回家都不講，怎麼只傳給老師！」

他後來順利到醫院實習，等第二階的國考考完，就能當住院醫師了。其實會跟學生有這麼多好因緣，除了長年擔任懿德爸爸外，也始於我當導師那一年的因緣。

第九屆醫學系那一年，他們的導師剛好離職，系主任拜託我接導師，我就接了。當時我身兼懿德爸爸和導師的身分，接了這個班級之後，有一個比較頑固的孩子，成績不是很理想，我負責的病理他不及格，必須重修而延畢。

這個孩子沒有因為延畢生我的氣，但在延畢的那一年，他參加第一階的國考，怎麼努力都考不過，雖然再剩下兩個月就畢業了，但當時的他，覺得自己對醫學的興趣已經被消磨殆盡了，竟然一時想不開，幸好有救回來。

當時聽說他要先休息一段時間，我想等他休息完回來學校再好好跟他聊，沒想到他就去辦了退學。我一直不知道這件事，最後還是其他同學告訴我，我趕緊去跟醫學系主任爭取，但這位孩子退學的手續都辦好了，一切都已經太晚。其實這個孩子再撐兩個月就可以拿到畢業證書了，就算成績不理想，也可以想辦法補救，加上學生的父母親比較純樸，沒有概念，不知道可以怎麼處理。後來，班上的同學看到他在臉書上寫自己非常後悔，為什麼再兩個月就可以拿到醫學系畢業證書，當時卻沒有撐住。我得知這件事，就暗自發願，以後如果再看到類似的狀況，無論如何，我一定要救這些孩子！

慈濟病理學獎學金

葉曙教授，是臺灣病理學之父。他留學日本千葉大學，獲得醫學博士的學位。二次大戰後，一九四六年應聘到臺灣大學醫學院擔任病理科第一任主任。他大力的栽培年輕的病理人才，後來創立了獎學金，獎學金分兩個部分，一部分是獎勵全臺病理醫師提出來最優秀的論文，一部分是發給各個醫學院病理學第一名的醫學生，鼓勵他們對病理學的投入。

全臺灣有十二所醫學院，每一年都會有十二個學生得獎。所以每一年我都會統計出班上第一名的同學，通知他們去受獎。

葉曙教授過世很多年了，他過世後由侯書文教授來繼承總括負責獎學金的發放，將葉教授當初留下來的基金，每一年發給病理研究論文得獎者與各醫學院病理成績第一名的醫學生，延續了很多年。直到後來經費逐漸短少，演變成侯教授每年捐錢出來，已經補貼了好多年。突然有一天，一個得獎的學生跟我說，那一年的獎學金取消了。可能後來經費真的不足，就只留下病理醫師最佳論文獎，沒有再發獎學金給學生。

我覺得這個獎項很有意義，也是一個病理精神的傳承、對學生的鼓勵。所以當時我找了幾個也是臺大畢業的校友，想要號召大家一起捐款，讓這個基金可以更充裕更壯大，繼續維持每年發獎學金給學生的傳統，但並沒有得到迴響。最後我能想到最好的方法，就是我自己來發。但是我的能力當然只能發給自己的學生，所以我也呼籲其他學校是不是也應該自己來發獎學金，每年八千元並不多，但還是能把意義留存下來。

對學生而言，在他們開始修習病理學分的時候，我都會告訴他們，「你們之間病理成績最優秀的，都會拿到葉曙教授獎學金！」其實葉曙教授與慈濟也有相當的因緣，我去參加他的追思會時，他兒子說，兩位老人家（父母）住在紐約，兄弟姊妹都住在其他城市，父親最後是由美國慈濟人幫忙照顧的，當時葉教授的兒子握著我的手說，感謝慈濟的幫忙。

所以我在葉曙教授獎學金停掉那一年，又自己接續發下去，當然不能用葉曙教授獎學金的名義，但也不用我個人的名義，我與醫學系的系辦討論後，就定名為「慈濟病理學獎學金」。

但是，我並不是只鼓勵病理成績優異的孩子，其實對病理有興趣的孩子，他對每一科都會有興趣。所以我挑出的獎學金獲選人，是除了病理切片的成績，還要加上各科成績平均第一名的學生。

因為病理是所有疾病的基礎，當病理懂了，看到病人為什麼頭暈、為什麼嘔吐、為什麼會消瘦都會懂得推理找出答案。這麼做的用意，除了希望學生把病理學好之外，最重要的是他們要能懂得融會貫通。我希望可以肯定學生，也能延續這份病理精神不要中斷。

熱愛教學的我

病理其實不難，怎麼教、怎麼學才是重點。

我不是天生會讀書的人，但我非常認真學習，而且不斷追求「為什麼」的解答。我讀臺南一中時，學長跟我說：「你慘了，教你的數學老師是『金光黨』，是比較不好的老師。」但我從高一到高二的數學課，都是學長口中的「金光黨」老師幫我上課，但我上了課，覺得他們其實才是好老師。

能在臺南一中教三、四十年書的老師怎麼可能不好。一般人認為的好老師應該要很會解題、就像很厲害的補習班裡的那種名師，給出很花俏的解法。我們遇到的老師所教的數學，會解說原理，會告訴我們這個程式是怎麼來的，怎麼變化。事實上，我們班上有好幾個同學也覺得這樣的老師才真的好。

高一、高二數學老師的上課方式，我吸收得很好，所以我在大學教書時，也是用這種方法，培養學生的推理能力，就如同病理是從疾病最初的源頭回推過來是一樣的道理。

教書，是像補習班上課那樣，先把國考題目全部列出來，然後直接告訴學生為什麼答案是這樣嗎？不是！學生要懂的是「原理」，老師要教的是「為什麼」！為什麼骨折以後會發生脂肪栓塞？為什麼脂肪栓塞會跑到腦部？為什麼脂肪栓塞會跑到肺部……這些都要讓學生去思考。所以當我上基礎病理學時，就會像國小老師一樣「出作業」，請學生自己去找資料來解答，下次上課時我再來解答。

我認為，教科書上沒有講得那麼清楚的地方，就是讓學生可以去思考為什麼之處。就算遇到困難，也正是訓練學生尋找答案的契機，當他們想通了，所遇到的困難點反而讓他們印象深刻。

小時候很愛看偵探片，像是「八號分機」、「法網恢恢」這些影集，就跟做病理和疾病的研究很相似。我對歷史也很有興趣，大學時的近代史課程，大部分醫科的同學幾乎都沒有興趣聽，只有我一個人聽得聚精會神，不只著迷，期末考答題時我更是書寫得好流利！這些學習歷程對我行醫和教學都幫了很大的忙。

我在課堂上講述疾病的歷史，學生也會聽得如痴如醉，身歷其境，有「讓我們再看下去」的感覺，最後峰迴路轉，結果是出乎意料。有時候學生課後還會來找我，問我：「老師，你剛剛講這個疾病的過程，中間我沒有聽清楚，你可以再講一遍嗎？」他們追的不是疾病，是追故事細節。學生問我怎麼這麼厲害，其實我上課前還是都會複習、仔細備課，病人原有的疾病，在什麼樣的基礎下會發生了什麼事，都會講得很清楚。尤其是我的「佛經」裡，都有病案的歷史資料和疾病的脈絡，從A如何到B，都是有歷史淵源的。

我在臺大當助教的第一天，侯書文教授就告訴我：「沒有比學生更重要的事！」；再來就是要做到「陪公子讀書」。我謹記老師的叮囑，從慈大的第一屆醫學生開始，就算今天不是我的課，學生上完正課開始看切片的時候，我都會去陪著。他們實習的時候，任課老師上課一個小時，其他三個小時我都陪在旁邊。如果他們有疑問問我，我會的就馬上教，但我也不是十項全能，有的學生很會問問題，問到我也不會的，我就馬上去查，查出來了再跟他們說。這樣一來一往，一年一年下來，也讓我越來越厲害，新的學生來問，我甚至會記得，這一題上一屆有學長問過了，如果是這種考古題，我手邊都已經有做好的資料簡報，我就會整理給他們。

除了課堂上一路的陪伴，我為了鼓勵他們多用功，每學期班上的前五名，我都會送他們一本書作為獎勵。送出去的書我當然精挑細選，其中李開復所著的《我修的死亡學分》，除了勵志，也可以看到疾病治療的過程。李開復是著名的創業家，曾在蘋果、微軟及谷歌這三大科技的公司擔任華人最高階的職務；他在五十二歲時罹患淋巴癌第四期，書裡有花蓮慈濟醫院血液腫瘤科李啟誠醫師當年在臺大醫院照顧他、為他骨髓移植後治癒的狀況。對我們學病理的人來說，淋巴癌第四期、尤其是濾泡性的淋巴瘤，是很少能夠治癒的，頂多共存。但他可以治療到身體裡完全沒有癌細胞，這是一大奇蹟，所以我也會找尋各式不同的病例，希望多給學生不同面向的資訊。

只要有電燈就要用功讀書
只要有一口飯吃就要幫助別人

有一次我太太收到一個學生給她的信封，裡面裝了兩萬元，說要還給老師，她很驚訝不知所以而問我，後來我才想起，那是我借給學生的兩萬元。

我是這位學生的導師，他是僑生，但是參加國考沒有通過，依法要被遣送回國，不過他想要再重考，一旦被遣送回國，就沒辦法繼續參加考試了。他的懿德爸爸是前交通部長蔡堆，蔡堆師兄得知後很慷慨的說：「來我家住！」可是有住的地方，沒有工作證也不行，我就請臺北慈院急診主任楊久滕醫師協助，楊醫師便收留他當助理。

因為我當導師，所以最了解學生家裡的狀況。他的父親已經不在了，家中除了媽媽，還有一群弟弟妹妹都在讀書，家裡一定沒有多餘的錢讓他補習。還好已經有住的地方，所以我就拿兩萬元給他，他原本不願意接受，但我跟這個孩子說：「在臺北生活還是要備著。」最後他考了兩年終於考過了，還把錢還給了我，現在他已經是臺灣醫界很厲害的婦產科醫師。

每學期我的最後一堂課，正課講完，簡報上最後一張圖片，一定會寫一句話，就是：「只要有電燈就要用功讀書，只要有一口飯吃就要幫助別人。」我自己一直奉行這兩句話，其實醫學生只要好好的照這兩句話做，我相信以他們的能力，一定都能成為很好的醫師。

今年的過年期間，本校畢業生，現已是某大學附設醫院的小許醫師（化名）到我家來看我。當時我的血壓很低，他就把藥袋一包一包拿起來看，然後告訴我這包藥有哪些作用、那包藥應該怎麼吃，聽他侃侃而談，我嚇了一大跳，一番敘述和講解中，驚覺怎麼變得這麼厲害！各種藥理作用，完全都瞭如指掌。

他是以前醫學系主任許明木最早轉給我輔導的學生。他是花蓮長大的孩子，在花蓮高中時還是以資優生甄試進來慈大醫學系。其實他的成績並沒有那麼差，但當時全班都通過了，只有他當掉一、兩科必須延畢。原本的導師是很有耐心的老師，也帶了他三年，但她最後告訴我這個小孩不長進、不可教，她放棄了。我跟她說：「不能這樣想，讓我試試看。」就決定出手。

因為我知道，醫學生在學習臨床之前，對於基礎醫學多感煩悶，所以常常沒有興趣。小許延畢的時候我就發現，他好像對醫學完全失去興趣了，直說不要學醫了決定要去唱歌，而且他在內科實習的時候也覺得讀不下去。那時，很多老師不看好這個學生以後要怎麼當醫生。我請學校先讓他畢業，讓他休息一下，再請他回來補實習學分。我就這樣一路輔導到他國考通過。

其實可以讀到醫科的孩子都很聰明，只要拉他們一把就好，尤其在別人都放棄他的時候，我更覺得應該救他一把。現在他已經拿到內科專科醫師的執照，準備要走腎臟科。雖然他起步比別人慢，但我覺得這種走過失落期的學生，當自己撐過了瓶頸，就更知道自己要什麼，自己的能力在哪裡。現在他成為可以回來照顧我、成為讓我信任、幫我做醫療諮詢的醫師，讓我非常欣慰。

慈大醫學系第九屆之後，我就當全職的導師。證嚴上人說過：「用菩薩的智慧教育人才，用父母的愛心呵護英才。」我把這些孩子都當成自己的小孩，也帶著他們跟自己的孩子一起吃飯。因為我是導師，也擔任懿德爸爸，所以不論是學生的學業或是生活，我兩邊都要兼顧。其實慈濟的孩子很乖，我們不必怎麼管，就是幫忙注意成績、感情，所以每個孩子交往的男、女朋友我都知道！我祝福但不干涉，所以他們有男女朋友，也都會帶來給我們認識、跟我們一起吃飯。譬如我第一屆帶的吳懿峰醫師，現在是慈濟醫院血液腫瘤科的主治醫師，結婚的時候，我們懿德爸媽也被邀請去坐主桌。對新人來說，等於多了一個爸爸、兩個媽媽，這些孩子結婚生子都會通知我們，還有學生畢業後，回去精舍找以前陪伴他們的師父敘舊。

擔任導師期間，每天早上起床第一件事，就是發一些激勵的話或想法、心情，到我們的班群組裡，跟孩子們互動。我把他們當成自己的孩子，是出於感動多於責任感；因為一路陪著，看到他們解剖時對大體老師的尊敬，而且學會了感恩。雖然很多孩子畢業後，父母不讓他們留在花蓮，很多我用心栽培的孩子沒有留下來，不免有些感傷，但他們能在別的地方發揮力量、幫助其他病人，也是好事。大部分留在花蓮的學生，現在都成為慈濟醫院和慈大醫學院的中流砥柱了，第一屆最多人才留下，第二屆之後，一屆一屆慢慢帶上來，無論在哪裡，他們都是慈濟的孩子。

記得第一屆的慈大校友會在臺北慈院舉行，我們慈誠爸爸懿德媽媽都到場相聚，慈大的孩子也都帶著他們的孩子來，跟我們相見歡，大家和樂融融，真的像一個三代同堂的大家庭。時光飛逝，當年我陪伴拉拔長大的孩子，現在都已經是資深且獨當一面的主治醫師，甚至當上主任、副院長了，大家都與我並肩在行醫的路上努力。

他做了很多事都讓我都覺得不可思議。

不可思議的醫學系教授

口述——**卓麗貞** 許永祥醫師夫人、慈濟科技大學副教授

許永祥對他的學生超級照顧。我在慈濟科技大學兼導師，因為有慈誠懿德爸媽負責分擔，都還不需要一一親自去家訪。他當醫學系的導師，竟然親自去家訪，因為他說自己是懿德爸爸又兼導師，所以希望我陪他一起去。我常推說家訪就交給懿德爸媽就好了，他就說，「有些是女生，要去幫忙看他們的住宿環境安不安全。」

我家吃飯的時間，他常帶著學生一起來家裡。他每一學期都去書店，自己讀過哪一本書覺得好，就自費買來送給前五名的學生，一人一本。包括科普醫學類、醫學倫理，大部分都是勵志的書，還要學生

們寫讀書心得。學生的生活週記，一般都是交給助教來批改，他不但都自己改，認真寫評語，還會追沒有交的學生。

每年醫師國考考完第一天，他就開始蒐集題目，看看哪個題目有爭議，可以加分，他也會追蹤每個學生考得如何，學生也會找他請他幫忙。

有時候假日他陪我去買菜，忙完之後，他就徵詢我的同意，「沒事了喔？有學生要做 CPC（臨床病理討論會）的演示，我要去學校幫忙試聽。」結果不是只去一次，還連續去試聽了三次，學生每修改一次他就去聽一次。我都忍不住講，「你怎麼不找厲害一點的學生來發表，聽一次就好。」他就說這是自由的發表，有意願的孩子都可以報名。他就是這樣幫忙學生，當然要額外花很多時間去教他們。有學生必修科目不及格，差點要被退學，為了這個學生，他居然義務幫他開一對一的課，主動跟學校爭取，說願意幫他開課，不用拿鐘點費。

當一個老師，他的所作所為，很多都讓我覺得很不可思議。他生病之後，很多學生都寫卡片給他，說等著他回去陪他們。我記得有一位學生寫給他的內容是：「老師，當所有的人都不理我的時候，只剩下你理我。你告訴我，只要有電燈就要讀書。」那時我看到他的眼眶也忍不住濕了。

我心中永遠的無名英雄

口述——楊子孟　慈濟大學醫學系第四屆畢業生
輔仁大學附設醫院急診部主治醫師

老師待我如子，我也待他如父。

那一年的暑假，我因為失戀，打擊太大無心讀書，病理就被當掉了。但我因禍得福，很感謝有那一年的經歷，獲得老師的陪伴，一直到現在，對我行醫的過程一直有非常大的幫助。

被當之後，我覺得在哪裡跌倒就要從哪裡爬起來，於是主動跟老師說想要再學習。那一年暑假，就以工讀生的身分留在老師身邊，一邊重新把病理學好，老師剛好有很多標本需要整理，我和另一位同學就跟著幫忙。

那段期間，很多時候看到老師都是緊急收到醫院的檢體必須馬上處理。有時候可能手術室裡開刀到一半，送來檢體，需要馬上確定是惡性或良性，病理科要切片馬上判斷回報，外科醫師才能決定接下來的處理方式。此類急件檢體需要馬上處理，老師常常跟我們吃飯吃到一半，一接到電話，就叫我們先吃，自己咚咚咚的跑回醫院做切片。

那個暑假下來，我心裡對老師非常敬佩，就決定要跟老師一樣當一位病理學科的醫師。我覺得像老師這樣很偉大，可以幫助很多人，這種即時快速診斷疾病的能力，對病人的預後和照顧絕對有關鍵性的影響；但是，病人和家屬絕對不會知道老師的名字，當病人痊癒的時候，也絕對不會感謝老師。但老師是幕後的英雄，他總是默默的付出，跟我不喜歡出風頭的個性很像，心裡就覺得跟老師格外契合。

因為有老師非常用心的培養，當我升上五、六、七年級，雖然大多時間都是到醫院見習、實習，但我一有時間就會回到病理科跟老師學習討論。畢業前，我已經把自己的相關訓練都提升到「準第一年病理科住院醫師」的程度。其實病生理學息息相關，人體正常的時候是生理，異常就是病理，所以病理要好，生理一定要好。我的病理學、生理學、細胞學等等都很努力的學得很到位，但後來因為家庭的因素，祖父祖母年紀很大，我又是家裡第一位醫師，家人希望我能走心臟科照顧家人。當我服完兵役必須要回西部的時候，內心也非常的掙扎，心裡一直覺得有辜負老師的感覺，老師沒說什麼，真的很謝謝老師體諒，讓我更覺得對不起老師。一直以來承受著老師的恩情，但是我後來做的決定，好像讓老師失望了。

雖然最後沒有成為病理科醫師，但老師扎下的紮實訓練，讓我覺得自己真的跟別人不一樣，更有條理。因為這樣病、生理的訓練，其他醫師是沒有的，我現在也帶學生，可以看到有的醫師如果比較不熟悉，對一種疾病通常就只講怎麼診斷怎麼治療；但我可以從生理機轉、致病過程、致病結果和相關處理，給學生一個比較完整的觀念，因為我可以看到夠多的細節，處理上也更完整。老師的訓練幫我打下了很好的基礎，一直到現在還影響著我。

另外必須要提的，就是我因禍得福可以跟在老師身邊學習的那一年，還因此幫自己開了一個「斜槓」能力。因為當時網頁語言開始在發展，我為了要幫老師整理上課資料，就自學網頁系統的架構，在老師指導下整理了一份教材，成為後來老師給學生的學習光碟。那個暑假除了學習病生理學外，我也開啟了資訊和資料庫的能力，在不斷努力充實下，現在也是輔大附醫資訊室副主任。

最後，就是我之所以會選擇急診科，跟老師有很大的關係。當時就覺得，像老師這種「通才」真的非常少，因為學醫到最後，很多的臨床科都是次專科，譬如心臟、內分泌、神經等等。通常人的能力就是用進廢退，一個項目一直做就會越來越熟練，但如果是以前的訓練，久了沒碰就會忘記。我會選急診科，就是急診幾乎全部都要懂，加上老師幫我打下的基礎，急診對我來說就沒有什麼好怕的。我只要把臨床和處置接上就沒問題了。所以到現在為止，重症的處理，包括病生理學的藥物、身體反應的調整等等，我會相對的得心應手。

老師默默付出，為善不欲人知以及超強的使命感，這是我最佩服的地方，我好像還是沒辦法做到像他一樣。我就像是一個走失但近鄉情怯的孩子，但病理科醫師是我心中永遠的無名英雄，我也希望能將老師帶給我的精神努力做下去，並繼續帶給其他學生，好像才能對老師有一點點的報答。

深烙在我腦海的祥祥教授病理課

口述、文——**林哲宇** 慈濟大學醫學系2014年畢業生
臺北醫學大學附設醫院腎臟內科研究醫師

第一次跟許老師見面，是在慈大醫學系推甄面試時。我是花蓮人，高中畢業時推甄的志願我填慈濟大學醫學系，而許老師是面試的考官之一。沒想到這場甄試，開啟了我跟老師的不解良緣！

在填大學推甄志願序前，早已研究過學校當時最大的特色和優勢就是慈大解剖學科跟病理學科紮實的教學，當我找學長姊討教面試相關事宜時，就聽到他們暱稱病理課許主任為「祥祥教授」，而這樣的暱稱在當時出現多次，讓我不禁覺得：這位「祥祥教授」似乎是學長姊心目中明星教師的存在，同時也加深了我對未來專業課程的期待。

面試那一天，主試官郭漢崇教授突然問我對慈濟大學醫學系的課程有什麼了解，我當下自然脫口而出：「我知道有祥祥教授的病理課。」到現在還記得那時候坐在中間的郭教授、右邊的劉岱瑋主任和左邊的許永祥主任哄堂大笑的場景。而在進入慈濟醫學系多年後，部分老師們看到我，還會跟我說「祥祥教授」最近如何如何。可見老師在校內的好人緣，而面試那一刻可以說是我跟許老師第一次結下的好善緣。

老師賜結緣良機

高中時期，我曾經僥倖獲得物理科競賽全國三等獎，並入圍奧林匹亞選拔營。而就在大三時，某天我突然接到老師的電話，請我幫忙指導一下許老師公子的光學相關課程。我心想：這任務也未免太艱鉅了吧！於是懷著忐忑的心情，回家把早已遺忘的普通物理學及競賽資料重新翻閱，深怕在老師家中「誤人子弟」。到了老師家中，師母和顏悅色的把一本理化參考書攤在桌上，面帶微笑地跟我說：「麻煩了！該罵就罵，不要客氣！」這才發現許老師的公子只有國中二年級。我就在這個鬆了一口氣的氛圍下完成第一堂透鏡基礎光學路徑的教學。

然而表面上當家教，在出入老師家的半年中，我也發現老師在繁忙工作之餘，將家庭生活經營得美滿幸福。師母在慈濟技術學院（現慈濟科技大學）任教，總是不遺餘力的對待每位學生，我的太太當年也曾是師母的學生，多年後我帶女友跟師長見面，竟然是老師先認得學生，從中不難發現許老師夫婦對人至誠。我想這段家教旅程是我跟老師結下的第二個更深好緣。

諄諄教誨

大三下，繁複的專業課程讓我短暫陷入盲點，一路走來課業都順風順水，頓時難以接受暫時的成績挫折，在低潮裡，覺得同學唸書的時間很短，考試成績卻名列前茅，自己常常花很多時間鑽研原文書，卻往往在及格邊緣游走，後來，我才發現當時沒有掌握到唸書的方法與訣竅。

突來的學習挫折，加上家中長輩當時遭遇疾病，自己身為大四醫學生卻無能為力。多重壓力下我甚至一度萌發想棄醫從歌的想法。（從小對唱歌很有興趣，大學曾加入吉他社，小有心得，但主要是當時年輕氣盛。）

老師知道我的想法後，提出很多例子鼓勵我，他說全臺灣許多頂尖的醫學生都曾經有同樣的心路歷程，我並不特別，許主任還舉一位優秀的花中學長為例，說他在醫學系的時候也曾經想要休學去當畫家，但最後也成為一位優秀的醫師。並提到另有學長放棄了見習、實習機會，休學從事其他工作，後來也覺得後悔。

許老師不厭其煩的告訴我，行醫之路漫長，「我們和其他職業不同，不會因為退休就卸下身分，到離開人世前那一天都是一位醫師！在里程碑前不妨休息一下，後續可以走得更遠更穩。」經過多次談話及諸多往例的參考，我決定休息半年，調整一下，釋放壓力，也沉澱心態，改變想法，打造全新的自己。說也奇妙，才不過半年，過去認為很困難的一些癥結點，居然不復存在，也與學弟妹更加熟稔，共同面對一些見習、實習上的困難，我臨床上的學習也因此更為紮實。想是當時老師的教誨已存在我內心深處，成為滋養我面對未來更多醫療困境時的養分。

一日為師，終身如父

雖然已經畢業，我一直跟許老師保有聯繫，包括醫師國考的時候碰到一些困難，他也是都告訴我「過了這一關就海闊天空了」。醫師國考前，他會問我準備的如何？有沒有認真？也會透過我的雙親關心我的近況。國考後，要到哪裡 PGY ？要怎麼選科？他都根據對我性格上的了解適切點出重點。

回想在醫院實習的時候，老師身兼全院病理判讀掌門人，又要上病理課，卻持續關心導生我的近況。時常中午開著他的 CAMRY 汽車，載著我去花蓮各大小餐廳吃中餐。有次吃到一半，我被醫院突發狀況叫回來處理事情，他也二話不說，直接開車送我回來醫院。我和家人都覺得，在醫學之路上，許老師就像父親一樣照顧我。從入學照顧到畢業，甚至到就業還一直照顧下去！

生活上，老師給予的幫助可見一斑，但專業上，老師教授的病理學，更成為現在工作上的基礎。特別鑽研腎臟科的疾病時，最根本的就是腎臟什麼構造受傷了？是腎絲球？腎小管？腎間質？是發炎細胞浸潤？還是抗體堆積？當年老師的病理課，就像一個嚮導，引導我們進入顯微鏡底下才看得到的新世界。現在每個月開腎臟病理討論會時，我常常會想到當年祥祥教授在課堂上的種種。

多年的醫學生涯須面對無數的考試，不難發現對應考試的方式有好幾種，有的朋友擅長記憶，需要直接醍醐灌頂地給出重點，才能在考場揮灑自如。至於我過去靠理解的方式學習，如果沒通盤了解，很難將知識內化成自己的思維。許老師病理教學上化繁為簡，提示重點的同時，卻也不忘指引疾病的來龍去脈，同時滿足兩類學子的需求。我想，老師間接藉由我們醫學生的手，挽救了許多生命垂危的病患。

有參加過精舍授袍典禮的慈濟醫學生都知道，許主任在臺大醫院訓練完便來到花蓮，完全憑藉一股熱情展開慈大醫學的執教生涯，數十年來對許多優秀的學生給予指導並適時的伸出援手，而我很幸運能成為其中的一員。

如今在北醫的辦公室完成這篇回憶錄，彷彿聽見當時許老師說：「你看像羅大佑大我一屆，當醫生也可以唱歌啊！」

師恩重如山，不遠處的一〇一大樓反而變得很渺小了！

謝謝您——永遠呵護我們的許永祥老師！

沒有老師，就沒有現在的我

口述——王嘉紳　慈濟大學醫學系六年級

大三的時候，解剖這門課沒有通過。解剖是不能暑修的，我勢必要延後一年。加上大二下時也有一門醫學人文課，因為沒有交齊「反思日記」而被當掉，那時候已經接近要被二一了，如果被「雙二一」，就是下學期再有一半的學分沒有及格，必須要被退學。

到了大三下學期時，遇到了許主任，我知道他是醫學系請來輔導我的老師，那時候他很常找我，問我最近讀書讀得怎麼樣，考試有沒有過之類的問題……

大三下時跟著學弟妹，重修醫學人文課，學弟妹這門課的老師就是許主任，他因此更有機會遇到我。那時候我才跟他說，我以前的反思日記其實都非常認真寫，有什麼想法或苦惱都會寫進去，寫滿寫好，但變成接下來的日記，有時候真的不知該寫什麼，所以就少交作業。他就跟我說，「這個大家都沒有很認真寫，你有交就好了。」那時候我心裡才比較放下。

大三下學期，我們也有「模組課」。模組課是以心血管、腎臟等等，分系統的方式上課，每個系統都會有生理、病理、藥理三項，許主任就是幫我們上病理的老師。老師開設的課程名為「病原與宿主」，但這堂課真的特難，其他的我都通過了，這門課就差一分被他當掉！最棘手的是，之後學校就不開這門課了，所以沒有機會重修，這讓老師很苦惱，或許他心裡應該也有默默的後悔把我當掉吧。

後來他特地為我開了一對一的課，幫我重修，每個主題都教，讓我看玻片。他為了幫我湊齊醫院的臨床時數和學校的上課時數，又去拜託醫院的老師，讓我去感染科見習，或是去聽臨床病理討論會等等。許主任那時為了我的事焦頭爛額，當最後搞定了的時候，他非常欣喜。

老師很常「唸」我，他會說：「你怎麼都沒過？」、「你怎麼沒有在讀書？」、「這次不行喔，你這分數太爛了，下次再考多好也不可能過！」剛開始聽到會有小小心靈受創的感覺，以前曾經覺得他很兇，覺得那是「罵」，加上他平常蠻嚴肅的，也不會親切的問候。但認識久了，就老師是一個很直接的人，他不會用迂迴的方式表達關懷，老師就是很實在的關心我，包括我的學業和生活。老師就是一個很耿直的人，當他很認真的要為你著想或為你擔心的時候，他就會很急躁的講出來。對我來說，他就是活在很單純的世界裡一個很純潔的靈魂。

其實念醫科並不是我自己的夢想，只是剛好考試考得很高分，加上媽媽對醫師有很大的期待，在當時的風氣和父母的期許下，想說或許我可以試試看，所以就上了醫學系。

我是一個有點小聰明但不想太認真去鑽研的人，喜歡比較有創意的東西，對枯燥沒有什麼耐受性。本來想當工程師的，雖然在家人期待下覺得自己可以讀醫，但讀到醫學系二年級時，就開始覺得有點不太對勁，讀醫跟想像中的不太一樣，也跟以前國高中的讀書狀況差很多。而且慈濟醫學系學生比較少，小班制教學，沒有辦法打混，讓我覺得格外的辛苦。

因為本來也沒有很認真想要當醫生，遇到困難，我就想證明在別的領域也能開花結果，所以開始接家教，有了一些閒錢，就學一些投資理財，只想證明我不用照著家人的期許也可以過得很好，就算不當醫生照樣能養活自己。

因為這樣的心理，變成不太認同眼下做的事，成績跟著落下，而許主任此時就像菩薩一樣出現、接住了我。

他常常在見到我時，或是沒見到也直接用 LINE 傳訊召喚，帶我去吃飯。有時候也會有別人一起，我們出去吃飯都是老師買單，都會吃得飽飽的，是一段很快樂的時光。用餐時老師會問我，最近讀書有沒有困難，生活上也會關心我的人際關係，問我最近有沒有跟誰聯絡，問我有沒有在打球或參加系上的活動。

當他最早把我叫去辦公室，說要跟我聊聊未來的時候，我沒有把心裡的話告訴他，他說什麼我就回「是是是」，我知道他是輔導我，他是辛苦的，雖然尊敬他，但覺得他也未必了解我，我未必跟他有這麼親近的關係。但多約幾次飯之後，我就覺得老師是「來真的」。我能感受到他很專心致志的、單純的想幫我，沒有其他的居心。有的老師看得出來有其他事情要忙，或有更重要的事業需要他，照顧學生似乎只是錦上添花。但是許主任讓我感覺他真的是不為名利，只是單純的為我好，這些我都感受得出來，所以我很尊敬他。

我留級的時候，跟班上同學比較疏遠，因為他們已經進醫院受訓了，有他們自己要做的事。我因為留級，銳氣被磨掉了不少，有被世界遺棄了的感覺，那時候最常相處的就是許主任，只有許主任會關心我的感受。我國考考了兩次終於通過，他就是一直在旁邊關心我，一直到生病前都還會約我吃飯。

跟老師相處對我最深刻的影響，就是身邊有一個典範可以學習。我的父母都是公務人員，我很難從家裡了解醫療這一塊的生活，看著老師才了解，原來醫生的作息、態度或者該做的本分是這些。不論老師在工作之餘教我，或者找我去他家坐坐，看著他的生活方式或習慣，就會知道，原來做一個醫生跟我本來想的不一樣。我本來以為醫師不會那麼辛苦，但許主任就是一個很認真的人，他沒有特別鼓勵我，也沒有跟我說什麼，他的言教和身教，就是實實在在，我在他身上就是看到他對研究和照顧病人非常的有熱忱，我就這樣被潛移默化了。

很感謝老師，知道老師生病為他感到心痛，常常不知道該怎麼關心他或給他力量，就只能在心裡默默祝福著他。只希望老師可以知道我很愛他、很感謝他，我真心認為如果沒有他，我今天沒辦法繼續在醫院努力，我應該已經被雙二一退學了。

謝謝老師，讓我知道一路上幫助我的人很多，輕易放棄實在是說不過去，而現在的我，會覺得這麼做下去好像也可以了。我現在比較喜歡兒科，覺得孩子很可愛，希望以後可以幫助他們。

【卷三】

無量法門　悉現在前

——揭開神祕疾病的面紗

絕跡再現的狂犬病

一九九八年之後，臺大醫院的老師們就逐漸放手讓我自己打拚，慈濟的解剖病理科慢慢上了軌道，二〇〇〇年之後，慈濟就可以自己獨當一面了。這個時候，幾乎每年都會發生一件很大的病理事件，而且幾乎都是臺灣第一例的案例，發生在東部花蓮。

很多罕見、棘手的疾病，甚至是特殊的傳染病，都要透過病理解剖來做正確的診斷。雖然有些過程，我們也需要冒著生命危險和很高的代價來完成，但經由解剖、染色、診斷這個過程，每一步都像為了解開謎題突破一道關卡，許多神祕的疾病在我們眼前，等待我們看見和識別。就像佛經中所說的，無量法門，悉現在前。每種疾病的探究就像一個法門，我們熟悉了解了一種疾病，進入這些病例的世界，就像翻開深奧的醫書，讓我們看見像星空一樣浩瀚深奧的內容。

二〇〇二年，臺灣最驚人的疾病就是狂犬病。

狂犬病在臺灣已經絕跡幾十年了，自一九五九年後，就不再出現傳給人類的病例。但二〇〇二年一位大陸的民眾來臺灣探親，她在家人陪伴下先在親友居住的花蓮縣玉里鎮就醫，起初診斷為中暑，但病人還是覺得很不舒服，就長途跋涉到花蓮慈院的急診求治。那天剛好是慈院的病毒專家也是急診醫師陳立光值班，病人跟他說身體很不舒服，表示自己曾在大陸湖南家中被四個月大的小狗咬過，她覺得被自家小狗咬了，應該不會有什麼大問題，所以沒有去打狂犬病疫苗，但現在她卻懷疑自己是不是得了狂犬病？

陳醫師也沒有真的看過狂犬病的病人，只在教科書上看過，他想到狂犬病有個症狀叫做「恐水症」，加上病人的唾液很黏稠，而且看起來非常口渴，所以就倒了一杯水做測試。結果病人真的很渴望喝水，但想要拿杯子喝水時，頭部卻反射的用力閃開。

狂犬病毒會躲在帶原者的唾液腺內，如果被有病毒的動物咬傷，病毒會隨著傷口黏膜進到肌肉裡面繁殖，然後順著神經往上走，沿著四肢神經到脊椎再到腦部，傷口距離腦部越遠，發病就越慢。雖然這病人確診後馬上收治到隔離加護病房，也通報疾管署，隔天疾管署馬上帶著疫苗和血清來幫病人施打，但因為她從被咬到來臺灣已經一個月了，病毒也已經跑到腦部，再打疫苗已經來不及，住進加護病房治療兩、三天後，就不幸過世了。

這是法定傳染病，而且是絕跡多年的狂犬病，病人往生當天，疾管署專家飛奔趕到花蓮，我受命要在當晚立即做病理解剖以確定病因，結果要交給疾管署馬上發布。

為了與時間賽跑，兩個學生楊子孟醫師和孔睦寰醫師也來幫忙，我們全副武裝穿了標準的防護衣，從晚上八點開始解剖，一直做到深夜十一點多，才將整個腦部拿下來。因為狂犬病毒很容易沿著神經走到小腦，疾管署要求先挖一塊小腦標本，取好標本，凌晨十二點我就趕緊脫水，全部程序作好已經凌晨一點，隔天早上八點已經做好包埋，然後立即切片，用顯微鏡仔細觀察，到了上午十點多，我就找到狂犬病特有的「包涵體」；我趕緊將這張珍貴的照片傳給疾管署，署長當天就發布，秀出那張經典病毒的包涵體。

因為這次解剖，終於把狂犬病這種臺灣很陌生的病因做徹底建立，也是臺灣狂犬病珍貴的病理資料。這是臺灣第一次取得了狂犬病毒切片，所以現在很多醫學教科書都用我這張經典照片來介紹狂犬病，一直到現在，慈濟還是全臺第一且唯一擁有狂犬病切片的醫療和學術單位。

都是 SARS 惹的禍？

隔年，二〇〇三年，臺灣爆發 SARS 疫情，整個臺灣風聲鶴唳，草木皆兵，大家真的都非常緊張，東部也處於警戒狀態，花蓮慈濟醫院外還設立了發燒篩檢站。

大約三、四月的時候，有一位農夫來醫院就診，因為這位年輕的農夫前一天有發燒，所以就先到篩檢站，當時醫護人員看他狀況沒問題，就讓他先回去休息，隔天下午病人又回來，這個時候他已經有點喘了，醫護覺得症狀疑似為 SARS 病例，趕緊把他收入住院並隔離，沒想到當天晚上，病人整個肺部的 X 光片就白掉了。

我們急救的同仁幫病人插管的時候，病人的肺部全部冒出血液，大家更加緊張，心想完了，就是了！雖然盡全力搶救，但當天晚上病人就往生了。

當時東區指揮官也是花蓮慈濟醫院胸腔內科主任李仁智醫師打電話問我：「要不要做病理？」我猶豫了一下，硬著頭皮回他：「好！」

半夜急解剖疑似 SARS 病患

要冒著生命危險做病理解剖，其實我也是有點害怕。臺大醫院的蕭正祥醫師是我的學弟，當天他跟著疾管署的鈞長一起到花蓮，五月十四日那天，我們兩個一起做解剖。解剖的時候，解剖室全部都密封起來，連空調也不敢打開，就怕病毒會因為有一點點風而揚起造成病毒傳播。那時候因為擔心很危險，務求快速，只有拿取腹部的內臟器官做檢體，腦部比較花時間就沒有取！拿好之後很快的放入福馬林封起來，不敢再做下去。

病理解剖的時候，我們發現肺部都是出血，卻看不到任何發炎，但是肺部出血那麼嚴重，實在是不解。當時從器官的橫斷面、切面來看就認為是SARS了，所以嚇得要命，取下檢體後浸了一個星期的福馬林才敢拿出來，做了切片後，也是全臺灣的病理專家沒有人看得懂；於是我把整套的切片放一套在臺大醫院，請所有臺灣的病理專家都可以去看，卻依然沒有答案。

SARS期間，臺灣請在美國疾病管制局的謝文儒教授回來協助；謝教授固定每年會回來臺灣，我告訴他：「在臺大那邊有一套片子請你去看看！」結果他只看了肺臟和腎臟，看完馬上就說：「鉤端螺旋體。」讓我嚇一大跳。接著十分鐘不到他又打電話給我：「許醫師，你等下把一個蠟塊寄到美國，我當天下午就會坐飛機回到美國，所以你寄快遞，東西就會先到，我到的時候馬上做；然後第二步，你趕快同步做一個鍍銀染色，可以把鉤端螺旋體染出來。」

謝教授大約早上八點與我聯絡，十點的時候他還在機場，我就染出來了，我拍照片傳到他手機，他在機場就跟我講：「Bingo，這就是鉤端螺旋體！」

鉤端螺旋體它是螺旋菌，和梅毒一樣，梅毒也是一種螺旋菌。鉤端螺旋菌常在豬、狗、牛、羊的糞便裡，牠們的排泄物含有這種細菌，會隨著雨水等排入下水道、水田裡等等，而很多農夫都習慣打赤腳做事，如果腳上有傷口就容易感染。這種疾病不是農夫的專利，屠宰場的工作者、常接觸或飼養家禽家畜者都有機會感染。而在水災過後，如果在汙水裡行走，萬一有破皮的地方接觸到老鼠的分泌物，或狗和家禽的分泌物，也很容易從手、腳進入人體內。

當鉤端螺旋體發病時，症狀輕的很像感冒，就是發燒、頭痛、腸胃不適、畏寒、紅眼、肌肉痠痛等；症狀嚴重就會引發腦膜炎、腎衰竭、黃疸、出血，其中最嚴重的就是肺出血。

重症有幾個表現，第一個表現就是肺出血，有些病人在細菌只侵犯到肺臟就過世了，就像這個疑似 SARS 的年輕農夫，就是細菌走到肺臟引起大量肺出血就往生了。第二個表現，也是醫師看到最多的就是黃疸，有的病人手術完，不知怎麼黃疸越來越厲害，找不出原因時，就要想到是鉤端螺旋體。王立信醫師（花蓮慈院前副院長、感染科醫師，現為花蓮慈濟醫院顧問）是專門研究鉤端螺旋體的專家，如果是有急性的肺出血，或是病人用黃疸表現，都有可能是鉤端螺旋體作怪。王立信醫師有很多教案都發現病人出現黃疸。第三大宗的症狀就是腎衰竭；鉤端螺旋體它所侵犯的器官，以肺部、肝臟還有腎臟這三個最常見，也最容易損壞。這個疑似 SARS 病人是因肺出血過世，但是解剖時，謝教授要我寄腎臟過去，因為這個細菌最後都會跑到腎臟裡面，經由尿液排出。

當時能夠判斷是鉤端螺旋體病，除了謝教授的經驗以外，他也教我，要判斷鉤端螺旋體，就要從腎臟來看；腎臟間質發炎，就是鉤端螺旋體病的特性。王醫師剛開始對於很多找不出原因的感染，都會朝鉤端螺旋體去猜測，當時願意接受這種觀念的人不多，但現在很多醫療人員越來越了解鉤端螺旋體病，王醫師也時常跟他院的感染科醫師分享，很多醫院也都學會如何處理。我們有一次去長庚醫院開會，他們提出一個案例要我們猜，結果每一個人都猜對。為什麼？因為他只講到病人發燒、咳嗽，然後講到他的職業，大家一聽職業，答案就出來了。病人的職業是雞販，可能雞裡面的分泌物會有鉤端螺旋菌，因為每天都接觸就得到了。

照理說，鉤端螺旋體也會跑到腦部，但是這位疑似 SARS 的病人我們沒有取腦部，就以內臟切片來染色，其中一種是用銀離子把鉤端螺旋體染出來，另外一種則是用抗體染色。二〇〇七年，我以那張鉤端螺旋體鍍銀的染色照片投稿到世界病理雜誌《The Journal of Pathology》，病理學期刊就用我們這張切片做封面，這已經成為經典，永存歷史。

另外，因為當時大家都關注在 SARS，加上這個病例症狀跟 SARS 很像，會造成肺部全面出血，必須找到鉤端螺旋體出血的真正原因。後來也真的被我查到了！我去查找動物實驗的論文，發現感染鉤端螺旋體以後，身體會產生一種自體抗體，這種自體抗體會對抗肺泡壁的基底膜，造成肺泡壁破裂而引發大出血。當我查到答案後非常興奮，就將這個案例在醫院的臨床病理討論會（CPC, Clinical Pathological Conference）的時候將它做出來，跟其他醫師分享，我把流到肺臟的組織做抗體的染色，用螢光染色出非常漂亮的切片！

但這個故事還沒有結束。有一天，內科加護病房的吳雅汝醫師告訴我，她有一個病人整個肺部出血，接著肝臟、腎臟都壞了，我說：「這個是鉤端螺旋體，沒有第二種病。」她說：「是啊！老師你跟我講過沒有錯，抗體也測出來沒有錯。」但她反問我後續該怎麼做？我說：「我們查看看。」結果我們研判這也是病人產生對抗基底膜的自體抗體，如果知道了原因就可以救，只要用血漿置換，把這個抗體洗掉就好了。吳雅汝醫師做得很徹底，她真的幫病人抽血去驗抗體，驗完馬上跟我回報：「老師，對抗基底膜的抗體是陽性！」「Bingo 啦！」我說。由於抽血檢驗找出了證據，等血漿置換完之後，原本器官都損壞的垂死病人，好不容易救回來了！這可是不得了的大事，我鼓勵雅汝醫師去做發表。現在如果又遇到鉤端螺旋體病造成肺部出血的狀況，該如何治療就已經有一個現成的 SOP（標準作業流程），至少可以先測抗體，如果是陽性，就把抗體洗掉。

不易看見但致死率高的恙蟲病

二〇〇五年，我為一位住在臺東的原住民孩子做了病理解剖。他去參加露營，回來後開始發燒，到臺東的醫院就診，因為肚子痛，醫師診斷為盲腸炎。盲腸炎開完刀應該會很快好轉，但這個八歲的孩子開完刀，第二天就開始情況變差，後送到花蓮慈濟醫院治療，治療兩天之後，這個孩子就走了。因為他轉來的時候已經出現全身器官衰竭，醫療人員努力後也無力回天。我為這個孩子做病理解剖後才發現，他身體的每個器官裡都是立克次體，也就是革蘭染色陰性球桿菌。他是被立克次體帶原的恙蟲叮咬之後，才感染的。

之前曾提及我兼任過東部唯一的法醫。很多年前，我第一次執行的法醫解剖是一位綠島的受刑人，他突然肚子痛，沒多久就因呼吸衰竭而往生。因為是不明原因死亡，所以需要法醫解剖，我到臺東解剖完取回器官標本，但怎麼看也看不出有特殊的病變。

最後我只能照解剖的狀況記錄，但是沒有確切的診斷。這件事經過了三年，後來上任的疾管署郭旭崧署長看了當時的解剖案例後，非常關心這個案子，知道解剖後沒有結論，他直接裁示：「一定要解決！」我們請謝文儒教授出馬鑑定。他看了切片之後斷定：「這個應該是恙蟲病！」當他講出這個判斷時，我們全都嚇一了一大跳，「對呀！我們怎麼都沒有想到！」原來他當時看了病人取下的腦膜切片，腦膜的血管裡都是淋巴球，他認為應該是恙蟲病感染造成，所以謝教授就直接拿了蠟塊帶回美國，用恙蟲的抗體偵測，結果就如他所判斷，確實是恙蟲沒錯！

確認是恙蟲後，表示我們也會有抗體了。謝教授拿的是美國的抗體，我們醫院有陳立光教授以這個案例研發了本土的、還是亞洲特有的抗體，我就把這個抗體拿來染色，結果腦部真的染出來了，而且比美國染得更漂亮。由此可見蠟塊封存多重要，事隔多年，還是可以破案的。

恙蟲有八隻腳、非常小，肉眼幾乎看不太出來，常會停留於草叢裡，如果人類被具有傳染性的幼蟲叮咬，就可能會感染立克次體。花蓮、臺東、蘭嶼、綠島特別多恙蟲；通常被恙蟲咬了之後，被叮咬的地方會有無痛性的小焦痂，不仔細找很容易忽略掉，感染恙蟲病之後會發燒，症狀容易和感冒或是肚子痛混淆，若沒有找出病因並經過適當治療，死亡率高達百分之六十。

現在全臺灣都有檢測恙蟲病的抗體，就是從花蓮慈濟醫院開始發展的，恙蟲病才更容易被診斷出來。幾年前有一個金門的小女孩疑似也被恙蟲咬了，可是找不到焦痂，她被跨海送到臺灣西部一間大醫院就診，但小女孩病況急轉直下，整顆心臟衰竭必須以葉克膜維生，那時候加護病房從葉克膜裡夾出一塊心臟檢體，但這間大型醫院沒有辦法診斷，疾管署就請他們趕快寄給花蓮慈濟醫院的許主任，「許主任有辦法。」檢體一寄到花蓮，我馬上染，隔天結果一出來，就是恙蟲！我立刻通知疾管署，院方趕緊使用恙蟲藥，原本病重的小女孩，很快的就拔管康復了。

只要能判斷，就可以對症下藥。恙蟲病不難治，用紅黴素就可以了，當我的學生畢業要去服役，我一定會叮嚀，不能把這個疾病給忘了。所以軍中的常備藥就是紅黴素，一旦診斷有可能是恙蟲，就趕快先投藥。

不論是鉤端螺旋體或恙蟲，都是可以治療的疾病，但的確是一開始不容易被辨識的疾病，找病因時若沒有準頭，就很可能耽誤到病情，要搶救也為時已晚。但因為有了病理解剖的經驗，了解了致病的機轉和原因，經驗傳承出去，往後若有醫師遇到同樣的狀況，就可以很快找到解決的方法，及時拯救病人的生命。

比狂犬病更恐怖的是……

有些病找到原因可以治療，垂危的生命馬上會有起色；有些疾病，就算找到原因了，也沒有辦法治療，而且傳染力極強，至今無解。

二〇〇三年，有一位四十多歲的護理師，她因為行動愈來愈遲緩，到慈濟醫院就診，神經內科診斷為淋巴瘤，就馬上安排再進開刀房以立體定位儀取出腦組織做切片，當天病理科是我值班，我收到檢體就馬上脫水包埋做成蠟塊。結果隔天做成切片，我看到切片的時候嚇一大跳——怎麼會是「狂牛病」？我久久不敢置信，第一個不敢相信的是——「臺灣有狂牛病!?」第二個不敢相信的是——我的眼睛裡看到的竟然是教科書裡才會出現的狂牛病！在不可置信之餘，我趕快把拍好的照片立刻傳給美國疾管局謝文儒教授，他一看到，第一句話就回我：「你趕快把這個蠟塊封存，不能再用了！」

狂牛病是傳染力極強的感染疾病，不論用福馬林、用酒精都殺不死它，燒也燒不死，埋在土裡只會汙染土壤，而且人類一旦遭受感染就無藥可醫，只有死路一條。它唯一的剋星就是「氫氧化鈉」，別無他法，只能把這個「燙手」蠟塊封存起來。

在封起來之前，我們切了兩張切片，一張寄給謝文儒教授，請他染狂牛病的「普利子」抗體。另一張寄給位於淡水的行政院農業委員會家畜衛生試驗所，那裡有一位我很信任的獸醫師李淑慧教授，我請她幫忙因為他們那裡有抗體，她說一收到就馬上幫忙做！李淑慧教授第二天就染出來了；美國疾病管制局也同樣染色出來，雙重證實那就是狂牛病沒錯！

確認之後我趕快通知醫院的感染控制中心，因為還沒切片以前以為是淋巴瘤，在不知情的情況下，已經讓這個病人去開刀房使用立體定位儀取出腦部組織，結果隔天狂牛病報告出來，感染控制中心得知後，真的是造成院內驚濤駭浪、風聲鶴唳。當時幫病人麻醉的麻醉科醫師打電話來罵我：「老師！你怎麼沒有告訴我！」我也很委屈：「你怎麼來問我？我怎麼知道會染出來呀！」

可以確定的是，那臺立體定位儀是絕對不能再用了，因為使用氫氧化鈉消毒，會破壞機器，而且也不能確定是否可以完全消滅毒性，從此不能再使用於另一位病人身上，幾千萬元的機器就這樣毀了！而那一間開刀房也不能再使用，必須封起來！所有機器加上開刀房全部的成本，還有醫療人員的受感染的風險，醫院可說是損失慘重。還好那個立體定位儀尚未使用在其他病人身上，雖然當時沒有做很完善的防護，但沒有其他人受到感染，已經是不幸中的大幸了。

二〇〇六年，醫院又收到一位七十幾歲的阿嬤，她從來沒有出國過，也是慢慢失去記憶，動作慢慢遲緩。我們的神經內科收治病人後，就用核磁共振攝影，看到大腦皮質全部都已經萎縮，再加上脊椎的穿刺，在脊髓液中測一個狂牛病的蛋白呈現陽性，他和先生都是七、八十歲的老人家，家庭環境也不是很好，後來她往生了，這是屬於一定要跟疾病管制署報備的案例。隔天把她的大體送來慈濟醫院的時候，我們實在是不敢做病理解剖。

我們當時引用的條例是「疑似傳染病」的法規，所以疾病管制署、花東的感控中心（衛生福利部疾病管制署東區管制中心）以及花東檢疫中心（行政院農業委員會動植物防疫檢疫局花蓮檢疫站）都派人來要確認這個案例。

內科當時的徐偉成主任認為一定是狂牛病，因為之前做 PCR（聚合酵素鏈鎖反應），反應條帶（band）已經跑出來了，絕對不會是別的病。他問我，「那你敢做嗎？」我說：「做啦！只要防護得宜的話，應該是沒問題。」等到真的要做這例解剖時，院方真的擺出大陣仗，又一次人仰馬翻。那一天林欣榮院長剛好不在，慈濟基金會的林碧玉副總執行長很擔心我們的安全問題，她認為既然事前已經從病人的脊髓液蛋白證實了、腦波圖也證實了，何必還要再冒險解剖，增加大家的危險。也因為上次在不知情的狀況下幫狂牛病病人做了切片，不但讓醫療人員身陷險境，還毀了一間開刀房，這事件讓大家餘悸猶存。所以第一次，林副總是不同意的。

林副總問我：「許醫師，我們能不能不做？」眼看著疾管署的人都到了，但我還是猶豫著說：「好啊，收一收不做了。」疾管署的人員不放棄再問：「不能再考慮一下嗎？」

疾管署、衛生局不斷跟林副總溝通，副總建議很危險的事就不要冒險；他們勸說這是屬於有法條的醫事傳染性疾病，基於職責必須要做。第二次再溝通，副總也沒有答應，但是疾管署還是不斷嘗試要說服她；到第三次協商，她才勉強說：「好吧，你們去做。」然後轉過來跟我說：「注意安全！」

於是就在二〇〇六年十二月二十一日，我們幫這位七十八歲的老阿嬤做了病理解剖。

解剖之前，我們先在解剖臺上鋪滿油紙避免汙染，同時我們也可以將大體老師放在油紙的上面，做完解剖就直接用油紙包起來，這樣就可以很快完成清理。同時先在整個解剖臺周圍都噴灑它最怕的氫氧化鈉，以防有任何微小的碎屑掉下來，不怕一萬只怕萬一直接先把它撲殺掉，我們當天將醫院全院的氫氧化鈉全部都借調到解剖室來灑，灑完以後所有器械也必須放在氫氧化鈉裡。

要開始解剖時，我們先把解剖室的空調全部關掉。擔心如果一動刀，極微小的骨頭碎片或血水隨空調擴散出去，這樣全院都毀了。我穿著像太空裝的防護衣，緩緩的把阿嬤的頭蓋骨鋸開，取出大腦。當下的每一個動作，每一個步驟都很小心。我們在做解剖的時候，用一個塑膠袋做防護，一個人護住、一個人動刀，速度因此放得很慢，以避免噴濺出去。

但進行時，我意識到自己有一點低估了整個狀況。因為當時需要把所有的空調設備關閉，並且解剖室也全部封住，我們就使用一個自己攜帶的設備HEPA氧氣面罩開始工作，氧氣量大概可以供應一個小時左右。原本考量大約是半個小時就可以完成的解剖過程，因為每一個步驟都要非常小心謹慎，做到滴水不漏，當我剖開大體的頭蓋骨後，發現不只大腦皮質，連腦幹都萎縮了，腦幹是負責呼吸和心跳中樞，如果受損，就回天乏術了。

等到腦部取出來後，其實已經三個小時了，氧氣量真的是不夠，其實原本有將大體老師的腹部打開，我想既然做了就一路做下去，但是就沒有再取器官，因為再做下去就要花更多時間，必須還要顧慮到頭部縫合的時間，所以後面兩個多小時，我們其實就循環吸自己呼出的二氧化碳勉強撐過去。

儘管如此，氧氣不足也沒辦法更換，因為所有的人都不能進入，最後我們還要自己將環境整理好。當天是上午八點進入解剖室，當我最後完成所有程序並清理完環境走出解剖室時，已經下午一點半了，幾乎一直都是處在頭暈的狀態。

我們現在知道的狂牛病，也被稱為庫賈氏病（CJD），是屬於基因裡一個普利子蛋白突變造成的疾病，會造成神經細胞死亡，使大腦組織變得空洞化。初期會有記憶力衰退、行為異常、動作遲緩，最後甚至死於呼吸衰退或感染，病人大概發病後一年會死亡，大多是老年人比較容易罹患。

這種普利子突變的疾病有分外來的、還有自行突變的。外來造成的就是吃了被感染的牛肉引起，是新型的庫賈氏病，就被稱為狂牛病。狂牛病是一九八六年發生在英國，因為當時的牛隻飼養家畜製造業者，要提高牛肉的成長還有提高牛乳的蛋白含量，所以把牛的骨髓和內臟磨碎混入飼料中，讓原本草食性的牛隻吃進去，結果飼養場裡的飼料混有被狂牛病汙染的飼料汙染後，被其他牛隻吃進去，通常同一種、同一區、同一群的牛隻，一隻罹病整個牛群全部都難以避免，都會被感染，後來包括其他動物也都有被感染的案例。一九九六年，發現竟然連人也被感染。而這種狂牛病或庫賈式病，是沒有疫苗可以預防，也沒有藥物可以醫治。

臺灣到目前為止都沒有因為食用牛肉而感染的狂牛病例子。農委會的家畜疾病防治所李淑慧教授他們就在做把關的動作。臺灣的病例多是普利子蛋白自行發生突變，這種狀況沒有辦法解釋，有些疾病它會得病就是因為某個基因，基因在我們的染色體上面，你我可能都有，然後它分化到幾代以後要怎麼變化我們不能控制，狂牛病就是普利子這個蛋白本身發生突變，一樣會傳染，完全沒有治療方法，所以很麻煩。我們取腦也因為怕污染，所以才要做高規格的防護，我們解剖完後器械全都浸入氫氧化鈉，一個月後我要把器械拿出來，結果全部毀了，整個解剖器械都被毀掉不能再使用了。

回到這個七十八歲阿嬤的故事，完成解剖後，原本要證實如同之前臨床診斷和抽血檢查的為狂牛病（庫賈氏病），是千真萬確的事。結果切片之後，形態學看起來非常像，與我們第一例幫護理師做的活體切片相似度幾乎是百分之百；但很可惜的是，送到淡水行政院農業委員會家畜衛生試驗所染色，臺灣使用的那兩個炭筆竟都染不出來；再請美國疾管局染色，也染不出來，顯示沒有。這件事一直沒有查出結果，就這樣懸而未決的被擱置了。

後來郭旭崧署長上任，他認為那麼重要的案子怎麼沒有結案；於是重新啟動，我就找到我同學，新光醫院病理科李進成主任，他曾去英國留學。他將蠟塊寄到英國倫敦神經科學研究所，請那裡的教授染色。因為美國和臺灣都只有一種抗體，但突變型的狂牛病又分成兩型；一型是只在神經元細胞核，另外一種是在軸突樹突，但是臺灣李淑慧教授和美國謝文儒教授的抗體，都只是神經元神經核的抗體，如果只用斑塊型的就可以染得出來，而沒有軸突的抗體，如果遇到像我們這種顆粒型的就沒辦法染出來。由於英國有最多的狂牛病病例，所以只有英國有第三型的抗體，染色後證實阿嬤確實是罹患了狂牛病。這個案例在二〇〇六年進行解剖，得到證實報告時已經是二〇一三年了。

不過也因為我們在二〇〇六年冒險做了病理解剖，疾管署認為這樣做是相當危險的一件事，所以現在就都不做了。現在依據疾病管制署的公告，從一九九七年建立庫賈氏病通報系統後，醫療院所收到疑似個案就通報，再由衛生署疾病管制局和臺灣神經學學會召開專家病例確認會議，至目前為止，全臺應該有大約一百一十多名庫賈氏病病例被確認。

但因為這些病例都是在抽脊髓液時查出有一個突變蛋白、或是腦波呈現三相波、再加上核磁共振發現腦部皮質萎縮，這樣作為驗證。但以病理學的觀點來說，這些都不算是「確認診斷」，因為類似有這種蛋白的，可能很多人都會有；很多疾病也都會有三相波腦波圖；核磁共振發現腦部皮質萎縮一定是狂牛病嗎？也不一定。所以這些只能被稱為「疑似案例」。真的說要證實，只有兩例是用切片證實的，可以看到腦神經退化形成空泡的切片，都在花蓮慈濟醫院。

所以我現在上課用的就是臺灣唯一一例，現在印在教科書上的病理切片，坊間的病理教科書上的圖片，就如同狂犬病一樣，都是拿我們的資料，只要是狂犬病和狂牛病的照片，都是慈濟提供的。

臺灣第二例血管內淋巴瘤

另外要提的，也是一個非常特別、就算是資深的醫師也很難見過的案例。有一位住在美國的慈濟師姊，她們一家手足不管在美國還是臺灣，都是非常發心護持慈濟的志工。

二〇〇九年三月，師姊開始走路速度變慢，四月，因為手沒有辦法握碗，接下來就行動不便，接著會跌倒，沒有辦法運動，一些肢體動作都出問題，她回到臺灣住進花蓮慈院，做了腦部斷層的檢查、核磁共振的檢查，診斷都傾向於「急性瀰漫性腦脊髓炎」。

當時為了醫治她的病，證嚴上人拜託慈濟醫院包括林欣榮院長等的神經內外科醫師，以及臺北好幾家醫學中心的神經專家都找來共同會診，給師姊做了各式各樣的治療，包括類固醇、免疫治療的藥物都給了，但是她不但沒有好轉，反而到最後發生了猛爆性肝炎。

師姊原本就是B型肝炎帶原者，因為這些治療引起猛爆性肝炎，最後在六月二十一日往生，往生的時候只有五十歲。師姊生前最後一個心願，就是捐出大體做病理解剖，家屬非常傷心，也非常發心的成全師姊的遺願，希望能為這難解的疾病找到解答。當我們解剖下去後發現，她腦部的切面看起來很類似多發性腦中風的病兆，然後做切片，切片證實是血管內淋巴瘤。

淋巴瘤是可以治療的，但血管內淋巴瘤很難治療。第一是很難診斷，全臺灣神經內外科的專家會診竟然都診斷不出來，你看有多困難？第二個，淋巴瘤就是癌症，但是普通的淋巴瘤會長在淋巴，這是很常見的；可是當它長在血管裡面，通常也是看不到，所以大部分一診斷出來就是末期，而且因為它長在血管內，所以血管就會塞住，進而造成腦細胞壞死，更會引起腦中風。

另外，為什麼師姊會變成猛爆性肝炎致死？因為B型肝炎的帶原者，接受大量類固醇治療，反而使得肝炎病毒活化，造成大量肝細胞的壞死。

這個事件也帶給我們省思，現在癌症罹患率很高，在做化療的時候，都一定會用到類固醇方面的藥物，一定要謹慎小心，尤其是遇到B型肝炎帶原者，使用時一定要同步追蹤病人肝炎的情況。

我後來將之前學生時代曾參加過臺大第一千次臨床病理討論會的經驗做結合，在花蓮慈院的臨床病理討論會上，分享了這個全臺灣第二例的血管內淋巴瘤案例，希望讓所有醫師和住院醫師、醫學生了解這個罕見的疾病。後來，有一次我遇到一位慈濟大學醫學系畢業的學生，那時他已經是長庚醫院皮膚科的主治醫師了。他說，當他在學生時代因為參與過我主持的臨床病理討論會，正好當時主講的案例就是這位師姊，後來他在醫院皮膚科服務時，真的遇到了一個同樣罹患血管內淋巴瘤的病人，因為聽過我的講解，有了警覺，最後成功救了這位病人一命。這個回饋，千金難買，真是讓人欣慰！這也是病理科醫師最喜歡聽到的結果。

是結核病，還是其他？

還有一個故事是關於一位得了愛滋病（AIDS）的船員，他全身上下都是卡波西氏肉瘤。這是一種血管瘤，是血管出現不正常的增生，外觀通常會呈現紫紅色或是紫黑色，有的會轉為惡性，是一種罕見的癌症，而愛滋病人因為免疫力低下，更容易罹患這種肉瘤。

當他住院的時候，我們醫院最資深的醫療志工顏惠美（靜曦）師姊常常去心蓮病房（慈濟醫院的安寧病房）關懷他，病人覺得慈濟那麼關心他，非常感動，他知道自己時日無多，就問顏師姊：「我可以做什麼？」顏師姊跟他說：「你可以捐獻大體讓醫生做研究。」他馬上答應並簽好了身後要捐贈大體做病理解剖。

一般卡波西氏肉瘤可能長在腿部或外面的皮膚，但愛滋病患不只停留在皮膚，而且惡性的比例也比較高，比較容易侵犯到內臟。這位船員解剖之後，我們看到這種卡波西氏肉瘤確實會侵犯到內臟，大體老師的整個腸子、胃、肝臟、肺臟裡面都是一顆一顆的卡波西肉瘤。

尤其在他肺部裡面的肉瘤，從X光的影像上面看起來很像肺結核。因為卡波西氏肉瘤的病因是身體感染了第八型人類皰疹病毒（HHV-8）之後，導致異常增生的腫瘤，因為這個病因，我們就以第八型皰疹病毒的抗體去染了切片，證實了確實是卡波西氏肉瘤，而不是肺結核。

之後，我們做了第八型皰疹病毒很多相關的研究，雖然治療的里程還很長，但我們發現若病人的愛滋病治療順利，他受到皰疹病毒影響和這種肉瘤的感染機會就會縮小。現在愛滋病有雞尾酒療法，很多愛滋病人的治療結果都很好，至少病毒量可以壓到最低點。

愛滋病人因為免疫力差，不但容易得到卡波西氏肉瘤，也是最容易得到結核病的族群，解剖這個案例時，原本看到肺部一顆一顆的影像以為是肺結核，解剖出來卻發現是卡波西氏肉瘤。這個案例要告訴我們的第一件很重要的事就是，當愛滋病的病人肺部有病兆，一定要切片證實，到底是結核病、還是卡波西肉瘤；不一樣的結果就要用不一樣的治療方式。如果是肺結核趕快用肺結核的藥，如果切片出來是卡波西肉瘤，就要加強治療愛滋病，才能夠順利壓制卡波西氏肉瘤。

結核病這個古老的疾病，目前仍是臺灣最重要的傳染疾病之一，盛行率相當高，尤其花東地區更高於其他縣市。雖然大部分的人都有打卡介苗，但並沒有達到真正的預防效果，所以臺灣現在還是有相當多的結核病人。我就曾經做過一個病理解剖，也與結核病有關，解剖後翻轉了最後的結果。

這個案例是一個兩歲的小朋友，媽媽騎機車載著他時不小心跌倒了，送來醫院之後，以為小朋友是蜘蛛膜下腔出血，摔倒後血液流到蜘蛛膜，腦部沒有辦法吸收腦脊髓液，因此造成水腦。小男孩被送到加護病房治療，沒想到五天後就往生了。

媽媽傷痛欲絕，也非常的自責，覺得是自己不小心摔車而害死了孩子。但是解剖下去發現，小男孩的死因和摔傷完全沒有關係。意外轉折點就是，我們在他的肺部發現有米粒狀的結節，我一看到就覺得「糟糕！」，當下第一直覺懷疑他罹患了結核病；緊接著解剖到腦部時，看到他整個顱底的地方都是結核病引發的腦膜炎所造成的水腦。

我們依照病理解剖後的結果推測，應該是媽媽載著小男孩的時候，他因為腦部腫脹很不舒服，才從摩托車上跌下來；而不是因為跌下來才造成水腦，這是剛好相反的狀況。

雖然都是悲傷的結果，但至少讓孩子的媽媽知道，孩子往生的原因，跟她不小心摔到孩子沒有直接的關係，這件結果讓她稍微釋懷。但另一方面，這件事也牽涉到公共衛生的問題。為什麼才兩歲這麼小的年齡會有米粒狀的結核病？而且已經發展成結核性的腦膜炎，我們問了家長也問不出孩子到底有沒有打卡介苗。有些家庭比較弱勢，或家長忙於生計，孩子天生天養，也沒有人特別去關照小孩的狀況，所以家人應該都不知道、也沒發現孩子罹患了結核病。

小男孩的死因也從臨床判斷的「蜘蛛膜下腔出血造成水腦」，經過解剖後病理判斷為「結核性腦膜炎」。這個案例強調的，就是造成水腦症的原因很多，當病人住進醫院時，一定都會做胸部X光，臨床醫師有沒有仔細評估胸部X光，或只是單純把他當成跌倒而造成的水腦就有差別。

其實不管卡波西氏肉瘤，或是結核病，還是蜘蛛膜下腔出血造成水腦，魔鬼都是藏在細節裡，很多疾病一不小心就容易誤判，也會造成病人接受了不同的治療方式和造成不同的治療結果，不論是哪一個環節，全面而仔細的觀察，都是非常重要的診斷依據，才能揭開疾病神祕幽微的面紗。正因為如此，我們病理醫師的任務，就是要將病理的診斷結果，回歸作為臨床診斷和治療的助力。

【卷四】

曉了分別　性向真實

——不只看切片的跨科醫生

病理科醫師的心痛

有一句話說「病理醫師所有的疾病都知道，但是知道了都太晚了。」所以很多疾病，都是最後經過病理解剖才知道事實的真相，但是從這個真相裡面我們可以來學習，讓以後的病人可以做診斷和治療。

我曾做過很多病理解剖，有幾個案例是解剖後讓我非常痛心的。我記得非常清楚，有一個四十幾歲的女生，她從二十幾歲開始就進進出出慈濟醫院，多達十三次。每一次都是呼吸急促，喘得很厲害，都被診斷為肺高壓，這診斷是沒有錯的。

但到最後一次，她已經合併到肺部充血、咳血，然後往生，但直到往生前，都沒有人知道她肺高壓的原因。

我們的血壓要看左心室，高血壓都是周邊動脈的壓力，肺高壓就是肺動脈的壓力。一般人正常的血壓，收縮壓和舒張壓約是一二〇／八〇毫米汞柱，如果量出來是一四〇／九〇毫米汞柱，就是高血壓。肺臟的壓力、肺動脈壓一般正常大約十八左右，如果大於二十五就叫肺高壓。

這個女生每次一發病就是從急診入院，因為一入院就非常喘，一直是心臟科在看診，經過超音波一掃，就看到是肺高壓的狀況，於是就給肺高壓的藥，把肺動脈擴張一下、不要那麼緊，她就比較舒服了。她就這樣在醫院來來回回二十年，病人最後一次入院的時候住進加護病房，當時病人已經非常虛弱，我們慈大醫學系畢業的陳笛詠醫師當時照顧她，他打電話給我，問我如果病人過世後要做病理解剖，之前要怎麼處理？我就說：「病人往生前，你先抽十西西的血液。」

病人往生後，我們解剖的時候，發現她非常的瘦。甲狀腺機能亢進的人會非常瘦，頭髮會稀疏，整個臉會很憔悴，而且眼球有凸出。解剖下去後，我看到甲狀腺，果然就是典型的甲狀腺亢進的病例！最後，拿著這病人生前留下的十西西血液請檢驗科幫忙驗甲狀腺的自體抗體跟荷爾蒙的數字，兩天後證實是標準的甲狀腺機能亢進。

造成她肺高壓的原因竟然是甲狀腺機能亢進。這是一個很容易診斷、很好治的病。但是病人二十年來進出醫院十三次，折磨了那麼多年，卻診斷不出來，多慘！

我認為如果我們能早一點知道原因，早一點幫助病人，或是有人曾經好好的做過理學檢查，或細心一點，就不會發生這些遺憾的結果。

唯一值得欣慰的，是我們醫學教育的成功。內科加護病房的陳笛詠醫師有警覺，可以先為病人留下十西西的血液，解剖的真相就靠這十西西的血液。

我常常為了找出答案，徹夜苦讀，當我一發現了什麼，有時候很晚了也會忍不住與臨床醫師聯繫，想要討論出新的方向。有人問我：「你怎麼都不會累？」怎麼不會累，但身為病理科醫師，幾次在解剖後，是令我心痛的案例，所以總會希望自己能夠趕快找出問題的解答，只求不幸的事不要再發生。

因為寄生蟲而失去生命的女孩

有一次一個才二十幾歲的女性，因為氣喘長期食用類固醇，身形很胖，突然有一天她開始咳血，然後就住院了，結果一個星期內就往生了。

當時沒人知道病情會進展得這麼快速，找不到原因。但是住院當中，查出她的糞便裡面有「糞小桿線蟲」寄生蟲，所以臨床就給藥，治療一個星期。

但既然已經驗出這種蟲，也給藥了，結果還是往生。我做病理解剖時看到整個肺部出血，後來從切片裡面發現，肺部裡面有密密麻麻的糞小桿線蟲，才知道肺部的出血是因為糞小桿線蟲引起的。

在花蓮，最多的寄生蟲就是糞小桿線蟲。我從檢驗科得到的證據也是一樣，做糞便篩檢看到最多的寄生蟲也是這隻糞小桿線蟲。

這跟氣喘病人服用類固醇有很大的關係，有一些自體免疫性疾病的人都會吃類固醇，這些人的免疫都會被壓下來，所以容易感染。

糞小桿線蟲從土地，從腳部感染上來以後，大部分免疫力好的人體內就會自行將蟲殺掉；免疫稍為差一點點的，打七天的驅蟲藥就夠了。這位氣喘的女子是免疫不全，所以打七天藥還是不夠，不夠的情況下，蟲又從腸子跑到全身。所以當解剖下去時看到的蟲不是只有肺部而已，在腸胃道、在腎臟、在腦部都有，全身都已經感染。

當感染線蟲後，在腸胃道裡它會咬住黏膜，糞便會有問題，一定會出現血便。這個女孩子住院，例行性都會驗血、驗尿、驗大便，所以驗到有蟲就給她七天的藥了，都沒錯啊！當時也緊急插管了，也一直注意肺部，但沒有想到基本上她的疾病是這隻寄生蟲引起的。

糞小桿線蟲大多是經過糞便篩檢找到的，有的是因為腸胃道症狀來找腸胃科。有的人就是肚子痛、拉肚子，或是住院以後例行檢查糞便時抓到的，一般人也有可能感染了糞小桿線蟲在腸胃道裡卻相安無事，並不知道自己感染；歐美國家也有類似這樣的案例，但是歐美國家發現的病例大都是愛滋病患者，他們因為免疫不全，感染了糞小桿線蟲之後就跑到肺部、全身，甚至引發咳血，然後在咳血的時才驗出來。通常糞小桿線蟲會致死也是因為寄生蟲跑到肺臟，造成肺部出血。

這位患者應該至少要給十四天的藥，甚至要做很好的追蹤。但是我另外看到的現象是，她從來沒有就醫過。這些都是很可憐的人，她住在偏鄉，幫忙家裡務農，長期因為氣喘，喘了就拿類固醇來吃，吃成免疫力低下，因為感染了寄生蟲導致肺部被侵犯，年紀很輕就因為肺部出血而失去生命，真的令人不捨。

任何檢查都不能理所當然

還有一個案例，也是讓我刻骨銘心。很年輕，三十九歲的男性，他因為B型肝炎造成的肝硬化，已經診斷好多年，血糖也稍微高了一點，最後進來醫院的時候非常的喘，血液培養找出了細菌——革蘭氏陽性菌，所以臨床醫師就診斷是革蘭氏陽性菌造成敗血症，引發肺部水腫。他治療過後出院，但之後多次同樣症狀入院，這樣反反覆覆拖了一年多，最後因呼吸困難往生。

結果我們解剖的時候，發現病人的皮膚都呈現鐵鏽色，肝臟是鐵鏽色的肝硬化，心臟也有鐵鏽色、胰臟也有鐵鏽色，這就是標準的「鐵離子沉積症」。鐵離子沉積症是基因的問題，因為攜帶鐵離子的基因出問題，所以從小開始，鐵離子過度沉積在這幾個器官裡面。

這樣的結果讓我們恍然大悟，原來他會呼吸困難，根本不是因為敗血症造成的肺水腫，而是因為心臟衰竭所導致的慢性肺充血。病人也有水腫沒有錯，但事情又是這麼的湊巧，剛好病人身上又培養出革蘭氏陽性菌，就認為是革蘭氏陽性菌造成肺水腫，肺水腫又引起急性呼吸窘迫症候群。

但其實是水腫的水慢慢退掉之後，血管裡面的紅血球（RBCs）就會漏到肺裡面，造成慢性肺充血。所以肺水腫不是病人呼吸窘迫的主因，事實上是因為他心臟衰竭造成肺充血，而心臟衰竭就是因為鐵離子沉積的關係。

這樣的病人，因為鐵離子沉積，所以皮膚是呈現褐色，沉積到胰臟，就是標準的褐色糖尿病，所以他的血糖會高，這是鐵離子沉積的病人最常見的事情！而這裡面各種陰錯陽差，就造成了診斷的誤差。

第一個，因為我們知道B型肝炎會造成肝硬化，所以當病人有肝硬化，直覺就認為他的肝硬化就是B肝造成的；而因為肝硬化會有一點黃疸，他的膚色也有點黃褐色，臉色有點黑黑紅紅，醫師也就認為肝硬化的黃疸造成的，但其實是鐵離子沉積。最後病人會喘，診斷是肺水腫的問題，其實因為是鐵離子沉積在心臟，心臟衰竭造成肺充血，卻因為剛好培養出革蘭氏陽性菌，所以被認為是細菌敗血症而造成急性呼吸道窘迫症候群，這些都是陰錯陽差之後的後果。

其實如果能提早發現原因，病人固定每個月去捐血五百西西，把血液裡的鐵離子捐出去就沒事了。

這個事件帶來很大的震撼，我將案例做成教案來教學生，包括從病人外觀的理學檢查到臨床的判斷，都是很大的省思。

譬如肺部的問題，在臨床判斷上，不論肺部裡面是血還是水、是新冠肺炎、或像肺部感染糞小桿線蟲的那位病人，在X光上看起來都是霧茫茫白白的一片。到底要怎麼判斷肺部是血還是水，只看X光是沒有人可以回答的，尤其心臟衰竭跟急性呼吸窘迫症候群，在急性發作的時候甚至症狀是完全一樣的，我們必須配合病人其他的臨床症狀去推論。

當我們診斷一個急性呼吸窘迫症候群，譬如感染新冠肺炎病毒，病人一來就喘得很厲害，X光影像顯示就是肺部發白，我們就要懷疑這個肺部白白的到底是因為心臟衰竭造成的、或是新冠肺炎病毒造成的，一定必須鑑別兩種不同的可能。

心臟衰竭一般會有三個症狀：第一是病人會喘；第二是當你把他的上身

抬高四十五度，或者端坐呼吸就會比較舒服；第三是如果病人晚上睡覺又平躺，就會喘得很厲害又必須馬上起身。符合這三點就是心臟衰竭。

為什麼平躺會不舒服？因為腹部充血，當身體抬高時，到肺臟的血液量會減少，就會比較舒服，這就是標準的心臟衰竭的症狀。而急性呼吸窘迫症候群，是會一直喘，跟有沒有躺下沒有關係，嚴重時甚至要插管！

真的急性呼吸窘迫症候群的病人，如果肺泡壁被破壞就可能會死亡，如果是心臟衰竭，醫師給利尿劑消水腫，並給氧氣治療，就會舒緩，但是會反反覆覆發作。

所以我教學的時候都會告訴學生，當病人肺部有充血、水腫的時候，在你要診斷為急性呼吸窘迫症候群之前，一定要先排除心衰竭的可能，還有理學檢查時要細心謹慎，這個案例就是沒有排除，加上病人的其他症狀，各種陰錯陽差和巧合的判斷，所造成的遺憾。病人其實是可以治療的，這真的讓我相當難過。之後臨床又遇到幾個病人，看到膚色比較金色，就做了正確的診斷。

所以我認為醫生看病除了治病，也要去找出真實的原因，同樣的，病理不是只看切片而已，是要對全科、每個領域都要了解，這也是病理難學的地方。我雖然看切片，但臨床的東西我也要懂，這些臨床的知識和經驗，可能是我切片時看不到的面向，若是我都知道，和臨床醫師就可以交流出更好治療或判定方法，就能讓更多病人獲得治療，減少遺憾發生。

理學檢查

醫師在幫病人診斷時，有一個很基礎又很重要的診斷方式稱為「理學檢查」，簡單說就是身體檢查，包括用視診、聽診、觸診或輕叩等等來檢查身體，譬如胸部、腹部、肌肉骨骼、神經或周邊血管等等，在前一個案例，我們可以知道理學檢查沒有做好可能會不小心誤判病情，所以我也要分享一個因為做好理學檢查而做出正確診斷的故事。

有一位六十八歲的榮民，他送來醫院的時候已經腎臟衰竭，本來是要馬上洗腎，可是當時的腎臟科主任很機警，他認為大部分要進入洗腎的階段，就是腎臟沒有辦法再吸收鈣離子，所以都會是低血鈣的狀況，但這個病人為什麼抽血檢查的結果鈣離子還是很高，所以很不尋常。

所以他就馬上再幫病人做一個頭部X光檢查，就發現整個頭蓋骨裡面有好多小洞，於是就懷疑是多發性骨髓瘤，由於多發性骨髓瘤會造成骨頭溶解，造成高血鈣。

於是醫師先幫病人治療高血鈣、延緩洗腎，然後再做其他檢查，這時候又發現病人的心臟很大、舌頭也很大、皮膚上有銀白屑，於是懷疑是多發性骨髓瘤合併類澱粉沉積症。

輕鏈蛋白是一種特殊免疫球蛋白，會沉積到心、腎、腸、皮膚這幾個器官，被稱為輕鏈蛋白相關之類澱粉沉積症(light-chain related amyloidosis)。所以舌頭大是因為類澱粉沉積造成，講話會口吃、醫師拉出來看發現舌頭很厚；皮膚的銀白屑，也是類澱粉沉積在皮膚下。

但因為這樣的病人免疫力都不好，所以老先生感染得到肺炎，就突然往生了。為他解剖之後，就發現體內的好幾個器官確實都是類澱粉沉積。只是老先生就醫的時候，病程比較晚期，後來突然往生，但是整個理學檢查的方向和結果都是正確的。會有類澱粉沉積，源頭是因為多發性骨髓瘤產生輕鏈蛋白，輕鏈蛋白造成類澱粉沉積症，而病人的急性腎衰竭，就是多發性骨髓瘤造成的輕鏈沉積在腎小管所引發的。如果病人直接去洗腎，只能暫時洗掉類澱粉，之後還是會繼續沉積；但查出源頭是多發性骨髓瘤，病人經過化學治療，不再產生輕鏈，根源沒有了，就不會沉積到其他器官和腎臟，也就不需要洗腎了。

這件事告訴我們，要很重視理學檢查，只要我們做好檢查，從舌頭和皮膚就可以看到異狀。當收到一位腎衰竭的病人時，不是馬上送去洗腎，而是要做徹底的檢查，才能找到腎臟損壞真正的原因。

致命的脂肪

很多疾病很難預防，我講一個最簡單的故事，那是我第三百三十二個解剖案例。一位八十六歲正在洗腎的阿嬤，她有骨質疏鬆，有一天，她突然從床上跌下來，家人趕快將她送醫，經過檢查後發現阿嬤的髖骨有骨折，腦部有一個血塊，就送到加護病房，觀察一天情況都好好的，就讓她轉出到普通病房，沒想到第二天就開始抽搐，她到普通病房第一次抽搐、第二次抽搐、第三次抽搐，第三天早上就走了！阿嬤是神經外科的病人，家屬很氣憤，沒有辦法接受，這時候一定要找原因啊！家屬同意後，我就為阿嬤做病理解剖。

解剖後我跟家屬解釋整個過程，原因是骨折以後，骨髓裡的脂肪空泡就隨著血液循環回流到肺臟，先栓塞了肺部，肺部塞住後，它沒有造成水腫還不至於死亡，而是脂肪又跑到腦部，塞住腦部的微血管。阿嬤年紀大了，沒辦法完全自行吸收，原本就算暫時沒有辦法完全吸收也沒關係，但那個脂肪空泡塞在大腦皮質裡，造成皮質不正常放電併發了癲癇，癲癇發作抽搐的時候交感神經會興奮得很厲害，造成阿嬤心肌顫動、心臟收縮受損，心肌多數壞死而過世。

我們人體都有自己吸收的本能，也曾發生過一位東海大學的學生因為車禍，脂肪栓塞在腦部，送到加護病房昏迷了一個月，一個月後奇蹟的甦醒過來，因為年輕力壯將脂肪栓塞自行吸收掉了，而且沒有留下後遺症，也是有可能的。

脂肪栓塞是沒有辦法預防的事，檢查影像也看不到，只會看到骨折，不解剖是無法知道原因的。阿嬤的案例，解剖完後家屬們才知道這過程沒辦法預防，只是阿嬤剛好遇到了，他們也才放下！因為脂肪栓塞而致命這不是第一例，很久很久之前醫院也曾收過一個病人，是一個送瓦斯的年輕人，人高馬大體重有一百公斤，他也是車禍骨折，原本第二天就要幫他開刀，結果他在急診等待的時候，就意識昏迷，不久就走了，解剖之後才知道，他是因為脂肪栓塞。

還有一位老先生因為兩腿都骨折了，醫師先為其中一隻腳開刀固定，但是麻醉的時候造成老先生吸入性肺炎，所以第二隻腿先暫緩開刀固定，先為他治療肺炎，預備等其中一隻腿好一點後再幫另一隻腿開刀，結果一個星期後，這位老先生還是因為脂肪栓塞往生了。所以現在的大原則，有骨折的話要盡量隔天就先固定，以避免這樣的事情發生。不只是脂肪，體內任何液體都有可能造成栓塞，雖然這種狀況很難預防，但還是要盡量避免發生的機率提高。

另一個也是類似卻很離奇的案例。有一位病人裝了動脈支架後，卻死於裝支架的併發症。但這並不是醫生輕忽了病人，主刀的外科部主任張睿智醫師，與病人家交情匪淺，病人是張睿智主任在慈大醫學系三年級上解剖課大體老師的家屬，大三做家訪時已經認識，畢業後一直有聯繫。所以家屬一有病痛就馬上告知他。病人原本要做胃癌的手術，但在做胸部X光檢查時發現了動脈瘤，就告知張睿智醫師，他當然很願意幫病人處理，幫他換上支架，沒想到手術之後並不順利，病人每況愈下，又裝了葉克膜，最後兩、三天突然發生心肌梗塞，張醫師又幫病人置換瓣膜，他很怕病人心臟驟停，一個星期沒有回家，一直盡心盡力照顧病人，但換完瓣膜沒幾天，病人就走了。

整個過程張主任都一頭霧水，覺得已經換得那麼成功了，為什麼病人的心臟還是不跳了？解剖之後，我查了非常久，終於幫他找到答案了。病人有冠狀動脈阻塞的情形，醫師幫他放支架沒錯，支架是鈦鋁合金的材質，上面要塗上一層藥物避免血栓形成。怎麼會想到竟然是支架裡面塗的藥物掉落，塞住血管造成心肌梗塞，雖然這塗層藥物是聚合物，本身就會有掉落的機會，但機率微乎其微，所以結果一出來我就告知張醫師，他也很訝異會發生這樣的事情。這種事真的沒辦法預防，就像骨折會造成脂肪栓塞到腦部一樣，雖然機會很小，但是都是會有可能發生。

我後來拿著那位八十六歲洗腎阿嬤髖骨骨折的案例去高雄醫學院上課，在謎底揭曉前，我詢問他們阿嬤往生的原因，沒有一個人猜對，結果揭曉後，神經外科的老師說：「我第一次看到，教科書上的案例竟然真實的呈現了出來。」

這些案例真的是教科書裡的內容，大部分的醫師都沒看過真實案例。並不是因為院內沒有發生過這樣的案例，而是為了避免醫療糾紛，現在的臨床醫師，通常不會很樂意、也不熱衷、更甭提會直接提議讓自己的病人做病理解剖。而大部分的家屬在家人過世後，因為太傷心，也不會想要去追究原因，因為他們不想再讓大體被動刀，相安無事就好了。可是我們花蓮慈院的醫師不一樣，對於查不出原由的死因或心中還有疑問，都會想要知道真正的結果，而且他們經過好幾年的合作，已經和我培養了默契。有外科加護病房的病人不幸往生，主任何冠進醫師馬上打電話給我：「病人不知道是什麼原因過世的……」我都會說：「好，幫你做！」因為當結果做出來，就能在開會時，讓更多臨床醫師知道萬一下次再遇到類似的狀況，就能很快察覺出其中蹊蹺，馬上做出反應。

不過，醫師提出這些要求都需要勇氣，因為有可能做完病理解剖，翻轉了原本的診斷，這時醫療糾紛就可能找上門來；但如果有足夠的勇氣，也有可能會翻轉原本的認知，為難解的疾病找到答案，甚至找出有效的治療方法。接下來，我就要講述一個透過病理解剖，終於找到病因和治療方法的故事。

意外的抗體

二〇〇六年，有一位八十一歲的榮民老伯伯一直咳血，送進花蓮慈院的加護病房，住進來才兩天，還沒查到是什麼病就離世了。解剖時，整個肺部是大出血的慘況，我做了解剖，看切片還是找不出原因。

還好當榮民老伯伯一住院，吳懿峰醫師就一直守在加護病房，他是慈大醫學系第三屆的畢業生，也是我第一次參加懿德會當慈誠爸爸時照顧的學生。為了幫老伯伯查出病因，吳懿峰醫師從他一住進醫院就開始查閱咳血的資料，他把所有肺部會出血的原因全部條列出來，總共做了八樣檢查來測試，其中一項是他從教科書裡找到的「抗嗜中性白血球細胞質自體抗體—ANCA」，他認為一定要測；結果檢驗出來，p-ANCA 是陽性，但不幸的是，病人已經往生了。

我從切片找不出原因，最後看到吳懿峰醫師做的驗血報告，看到嗜中性白血球細胞質自體抗體是陽性反應。當時我對這種疾病完全不了解，就開始上網去搜尋調查，好不容易讓我查到日本的病理雜誌裡竟然有記錄。日本收集了好幾個相關案例，我把那篇論文讀完以後，答案就「Bingo」（賓果）了！因為日本這些案例和我們這個案例一比對，完全一模一樣。

後來，我就在臨床病理討論會（CPC）跟臨床醫師分享，以前有些疾病找不到原因，在這個病例被突破之後，就陸續發現院內有蠻多這種例子。現在醫師們也全部都學會了，如果接到有病人咳血，再加上腎臟不好的，不會再不知所措，一定會先想這個自體抗體。

我們人體能產生抗體是好的，就像現在全球流行的新冠肺炎，有的人感染過以後就產生抗體了，可以保護身體。現在有很多自體抗體的疾病，到目前為止都不知道成因為何，是怎麼造成的，包括紅斑性狼瘡也是自體抗體引發的疾病。所謂的抗嗜中性白血球細胞質自體抗體 p-ANCA，是人體自己產生一種特殊的抗體，會對抗自己的組織，攻擊肺部、對抗肺部的微血管，造成肺臟破裂；微血管最豐富之處除了肺部還有腎臟，這個抗體也會造成腎功能壞死，所以我們稱為「肺腎症候群」。

二〇〇六年三月榮民老伯伯病逝不久，我們找到 p-ANCA 自體抗體這個病因，同年六月，我開始巡迴全臺灣到各醫院介紹這個病例。有一天我剛到羅東演講結束，神經外科的邱琮朗醫師打電話給我，因為他媽媽住進了加護病房，我問嚴重到什麼程度？他說：「沒辦法呼吸，已經到插管了……」邱醫師當時將母親從臺北的醫院接回到花蓮慈院親自照顧，我趕快問了他兩個問題，第一個他回答：「有咳血！」第二個我就馬上問：「腎臟有沒有壞？」他回：「有！」我立即想到這個可能是「肺腎症候群」，要他要趕快測 p-ANCA。我馬上打電話給檢驗科林等義主任請他協助，他說一接到樣本就馬上做。那天是星期三，星期四中午林等義主任就告訴我，結果驗出來了，抗體的指數是一：一〇二四，那麼高的比例！

p-ANCA 自體抗體唯一的治療方式一定要「血漿置換」，把血漿換掉就好了，然後再加免疫抑制劑和類固醇雙管齊下。這是慈濟醫院第一次嘗試對這種病人做治療，當時整個團隊包括腎臟內科方德昭主任、徐邦治醫師負責做血漿置換，風濕免疫科的蔡世滋主任也投入做免疫抑制治療，整個團隊合作，邱媽媽不到三天就康復了！

之後當醫院收到很危急，來的時候是咳血、腎臟不好的病人，只要馬上抽血，一檢驗出這種抗體，用血漿置換和免疫抑制劑，大部分都可以救回來。

如果沒有最早那位老榮民的案例，當邱琮朗醫師的母親遇到這種狀況，我們也不會想到是自體抗體的關係。因為榮民伯伯的事件，促使我們去查了所有文獻，就知道是自體抗體的問題，要把抗體洗掉，加類固醇再加免疫治療，就有機會救活。時間點就這麼巧，所以在慈濟，我很感恩上人推動病理解剖，真的是救了很多人。

與臨床醫師合力拯救病人

很多人認為病理是二線科，沒有直接面對病人，所以沒有壓力。當有人這樣對我說，我都會想：「你怎麼知道我沒有壓力？」以乳癌來講，切片一般都會用小針先刺，然後送病理科先診斷。但有一些病人，並沒有做小針就直接開刀，外科醫師會先切一塊組織送過來，病理科就要馬上做決定，如果診斷是惡性，要將乳房拿掉，淋巴就清除了；但我擔心的是，因為我的一個決定，病人的乳房可能就會被拿掉，如果我判斷錯誤怎麼辦？病理科還是很有壓力的。現在因為年齡增長經驗比較豐富了，狀況掌握會更好一點。若真的遇到自己不太有信心、不是很確定的案例，可以找科內的同事一起討論，以前要自己做決定，壓力真的很大，雖然沒有面對病人，我認為自己還是要負責任。

病理叫做「最後的診斷」。什麼是最後的診斷？臨床上醫師的判斷，有可能是對的，也有可能不對。如果臨床醫師判定病人的腦部裡有一顆腫瘤，肺部裡有一顆腫瘤，是肺轉到腦部嗎？未必。必須要開刀進去看個究竟，有可能從肺部開刀進去，發現是肺癌，或從腦部開刀進去，發現是腦瘤，一翻兩瞪眼。

現在影像醫學很發達，但還是會有誤差。譬如為病人做正子斷層造影(PET, Positron Emission Tomography)，在兩個地方都出現亮點，是兩個腫瘤？或者其實是一個腫瘤，另一個是轉移？如果病人的影像檢查是兩個地方都有亮點，切片也要取兩個地方。若是只切腦的話，但是在腦部裡面看到的是肺癌的細胞，這樣肺部就不用再切片了，表示是肺部轉移到腦部，所以最後還是需要病理做診斷，並牽涉到臨床要如何治療。

所以病理不是只看切片而已，而是要對全科、每個領域都要了解，假如正常的血鉀是四點零，但一個病人的血鉀低到一點五，這時候就要了解，為什麼會低血鉀、低血鈉，可以在腎臟看到什麼樣的病變？我都跟學生說，「這些你學過我也教過，想想當你解剖的時候會看到什麼？」果不其然，很多血鉀很低，看到了腎小管空泡化，就要回溯是什麼原因造成的。這些臨床醫學的知識，我也要懂，在臨床病理討論會的時候，才可以綜合病理的診斷去回應臨床醫師，所以內科學也要讀、外科學也是，包括哪一條神經、哪一條血管，病理醫師都要懂。

有一次我遇到社服室的寶彩師姊，當時她是內科加護病房的常住志工。她說內科加護病房有一位病人整隻手黑掉了，臨床醫師一直以為是恙蟲病，但還沒治療好，就全身細胞都衰敗了。她問我可不可以做解剖來尋找答案？

現在臨床如果遇到沒有辦法解答、或是想知道答案的，常常都會來找我討論。或者今天臨床醫師請病理檢驗了某個他們認為的疾病後，但結果還是令人不滿意，因為病人用了A的藥下去沒有效，是不是因為還有B的疾病？臨床醫師就會想知道，背後是不是還有什麼樣的疾病在困擾著病人？這時候，他們也需要再跟病理醫師合作一起找出問題癥結。

吳雅汝醫師有一個最經典的案例。一位病人住進加護病房，因為病人的淋巴腺看起來很像淋巴瘤，她請病理科切片檢查後，發現病人不是淋巴瘤，我們診斷是一種淋巴腺裡的免疫疾病。免疫疾病照理說應該可以治療好，但最後病人還是去世了。病人走了之後，吳雅汝醫師一直耿耿於懷，也一直有疑問，她問我：「病人如果是免疫疾病，為什麼心肌會壞死而造成往生？」這個問題我也沒辦法回答，因為我從淋巴腺上沒有辦法看到心肌的問題。

過了一、兩個星期後，有一天她很激動跟我說：「老師，我幫這個病人驗血，發現他有恙蟲病！」原來當時吳醫師有留下病人的血液，後來送去檢驗，發現病人血液裡有恙蟲病抗體。這樣死因和疾病就連起來了！因為我曾解剖過恙蟲病的病人，知道病人感染後立克次體會跑到心臟，造成心肌壞死，所以這位病人的心肌出問題的原因就找到答案了。於是我就將之前從病人身上切下來的淋巴再拿恙蟲病的抗體來染，檢查是不是感染已經跑到淋巴裡了，結果切片一染下去，就看到了。

之後吳雅汝醫師再把最近幾年裡，所有跟免疫疾病相關的五個案例都用恙蟲病抗體染色，結果證實全部都是恙蟲病。

後來加護病房收治病人都更加謹慎，也會想到這方面的可能性。誰說病理不能救人？這就是在救人！這也是病理與臨床醫師合作找出病因的經典案例。吳雅汝醫師起初診斷是一種淋巴疾病，但她有疑問，不斷去查找為什麼病人心肌的酵素會這麼高，卻一直苦無資料，最後用病人留存的血液檢驗才發現有恙蟲病抗體，之後回到病理這邊，從我過去解剖的經驗以及檢體染色，終於證實是恙蟲病。

愛的力量

另一個我印象深刻、與臨床醫師合作而非常感動的一個愛的故事，是發生在腎臟內科林于立醫師身上。他有一次收到一位病人，是住在臺東的豬肉商，她是一位女性，有三個小孩。她在臺東已經發燒很多天都沒辦法治好，被轉送來花蓮慈濟醫院的時候腋下淋巴腫大，並且已經昏迷了。那時候林于立醫師推測這位女士可能是罹患結核病，或者還有一些其他的疾病，但是一直沒辦法找到確切的病因。

如果從淋巴狀況來看，要診斷做切片是最快的。我切片後左看右看，林醫師問我是不是TB（結核病），我說不是；他又問是不是淋巴瘤，感覺也不像。最後是我找到了很像是有一隻弓漿蟲的形態學，加上淋巴的結構又很像弓漿蟲引起的淋巴病變，所以懷疑是弓漿蟲感染造成。

可是那時候花蓮慈濟醫院還沒有弓漿蟲的抗體，沒辦法染切片出來證實；但要使用弓漿蟲的藥來幫病人治療，因為這些特殊藥品都很貴，只有疾管署可以提供，一定要有組織學證明才能跟疾管署申請用藥。例如之前臺東有一位病人被跑到他家的鼬獾咬了一口，結果得了狂犬病，但是因為及早發現，他就及早申請用藥，疾管署就可以盡快派人為他施打疫苗，救回一命。

弓漿蟲的主要宿主是貓，容易在糞便跟排泄物裡找到，如果其他飛禽走獸等感染以後，可能再傳染給人類，貓咪也可能直接傳染給人。曾經有一個婦人，她因為視力模糊去檢查，才知道她每天抱著貓，所以感染了弓漿蟲。這是人畜共通的疾病，養貓要特別小心。養狗的話，怕的不是狂犬病，因為臺灣不是疫區，而是要小心犬心絲蟲，也會感染人體，所以養貓養狗最好都要幫牠們施打藥物除去寄生蟲比較保險。

我永遠記得那時候面對昏迷的病人，林于立醫師對我說的話，他說：「我好擔心，這個阿姨如果過世了，三個小孩怎麼辦？」他認為無論如何一定要救，他想到的是對病人整個家庭的影響和後果，讓我非常感動。我就趕快把這個切片寄給臺灣大學獸醫系的劉振軒教授，獸醫系一定有弓漿蟲的抗體，請他幫我染色。

因為時間很緊迫，寄出當天是星期五，我就問劉教授「是不是可以接到切片馬上染？」結果那週剛好遇到臺大校慶，星期日活動結束，星期一他們是停班停課的，根本沒有人會上班。聽到我的請求，劉教授還是很慷慨的跟我說：「好啊，我親自上來染色！」所以他星期一就請他的研究生一起來，幫忙染好之後，他直接跟我說「是陽性」，診斷出是弓漿蟲沒錯，所以我就通知林于立醫師，請他趕快用弓漿蟲的治療方式來幫助病人。這個愛的故事讓我記憶深刻，因為讓人看到醫師努力要搶救病人的意志力，並且和病理科合作，終於讓病人起死回生。

病理討論會之必要與重要

要與臨床醫師互相幫助，一起成長，我要常常參加病理討論會，尤其是兩個星期舉辦一次的外科病理討論會(SPC, Surgical Pathological Conference)。會議開始的時間都很早，通常早上七點就開始，要在上班時間前結束，讓大家都能分別去工作。在這個會議裡，會有不同的團隊。如果今天是肺癌團隊會議，就會有胸腔內科、胸腔外科、病理科、放射科等等，大家一起努力，研究困難的個案。

我前不久剛參加的外科病理討論會，最後一個討論的案例是一個癌症腦部轉移的個案，大家都找不到病發處，所以當天晚上我還在努力「讀佛經」，希望找出眉目。後來我找到答案，以這樣的狀況，如果是男性，膀胱和攝護腺要趕快檢查。果不其然，後來病人做核磁共振，掃描到攝護腺很大，我認為攝護腺癌的機率很大，請泌尿科趕快幫病人切片。

但當時有醫師提出不同看法，因為之前已經測過攝護腺癌的指數，指數並沒有很高，我告訴他們，我查過了，這一類的癌症就是指數不高的，他們都很訝異，竟然有這一回事？

因為這個病人罹患的不是傳統的攝護腺癌，而是「神經內分泌的攝護腺癌」，所以指數當然不高。為什麼我會懂？因為不久前我剛好審查到臺北一位副教授的升等論文，他做的主題就與此有關。他研究攝護腺癌的其中一型，如果用荷爾蒙治療過，後來長出來的癌症都是神經內分泌瘤。

我們臨床遇到了這樣的案例，我讀到了，分享了，臨床就也讀到了，在這種情形之下，就會找出處理的原則，這就是進步。

在外科病理討論會上，臨床醫師不一定要聽我的，但當遇到病情膠著時，因為我做過很多案例，可以依我過去的經驗和知識，給他們意見和方向。

有一次外科病理討論會上也發生過一個案例，病人腎上腺上長了一個嗜鉻細胞瘤，這種嗜鉻細胞瘤會造成血壓很高。病人開完這個腫瘤手術之後，醫師卻發現病人的另一個癌指數 CEA（Carcinoembryonic antigen，癌胚抗原，又稱腫瘤標記）也很高，大家都束手無策不知道為什麼。我回到科裡馬上打開電腦，搜尋我的資料庫，查嗜鉻細胞瘤合併 CEA 過高會是哪一種腫瘤，結果查到是甲狀腺髓質瘤。

我一得到答案，立刻打電話給臨床醫師請他馬上幫病人抽血，隔天他回覆給我，甲狀腺的癌指數正常是小於十，這個病人高達一百多。這樣就 BINGO（答對）了。

這是家族性的遺傳疾病，只要把甲狀腺拿掉就好了。後來病人的女兒、他的妹妹也是遇到同樣的問題。所以我們不只幫原有的病人解決問題，連後續衍伸出來包括家人的問題，也一併解決了。

這樣每兩個星期討論一次的外科病理討論會，可以很快幫病人解決問題。有些癌症是沒辦法開刀，或開刀後發現其他腫瘤需要化療，就要轉給內科，各種相關的單位都要進來與會，是醫療團隊共同合作的重要會議。

我日常中還有一個很重要的工作，就是在開這些會議。有人問一直開會煩不煩？我真的從來都不感覺煩，因為每次開會都是在幫助病人。有時，我從病理上只看到切片，沒辦法看到影像，如果去參加會議，看到影像醫學科放出來的影像資料，就會知道腫瘤可能不只一顆，可能很多顆，可能是轉移、也可能是原發的，這樣搭配病理就清楚了，診斷也就不一樣了。

譬如癌症病人都會做核磁共振來判斷期數，結果為一位食道癌病人掃描時，在病人的直腸又看到一個亮點，原來病人有食道癌也有大腸癌。現在有兩個癌症不是很稀有，而是很普遍的事，這些資訊都是透過外科病理討論會來統整。以前我一個人要參加很多會議，現在病理醫師人數增加了，科內會分配一個人負責二至三科。參加這樣的會議，我覺得是在吸收成長，然後再給予回饋，對臨床醫師也是，經過跨科的討論之後，也會知道該怎麼做對病人是最有幫助的。

外科病理討論會的對象是正在治療中的病人，會議集結所有外科系以及和病人疾病有關的科別共同為病人解決問題。切片也是活體取下的，例如某病人胃部有腫瘤，外科醫師取組織下來切片，病理科醫師做成標本診斷後，發現是一種很特殊的胃癌，就會在再下次的臨床病理討論會上將這個病例診斷分享給外科醫師與臨床科，跟他們說這個標本是一個很特殊的胃癌，大家就會記得這個病例，或者討論出診斷和治療的方法。

我要參加的不只「外科病理討論會」，還有「臨床病理討論會」。「臨床病理討論會」（CPC, Clinical pathological conference），就是在病人往生後，透過病理解剖，來討論這個病人的病因、死因，以及以後怎麼提早發現、提早治療。我覺得臨床病理討論會中的解剖案例更精彩，因為大體老師將自己貢獻出來，我們針對每個器官採到檢體都會看仔細，病人生前所作的影像檢查也都會調出來查閱，然後由大家共同做最後的驗證。譬如病人生前醫師診斷認為肺部有感染，但病理解剖看到的不是感染而是癌，這樣就有誤差，大家就會檢討，看怎麼判斷。

以前我在當實習醫師的時候，每個星期去臺大醫院參加的就是臨床病理討論會，過去臺大每年有一、二十例，如今全臺灣的醫師中還願意這麼做、唯一常規在進行的只有慈濟了。花蓮慈濟醫院是東部唯一的醫學中心，但規模比許多西部的醫院都小，但還是一年至少維持兩個病例來討論，非常難得。一九九一年五月三十一日，花蓮慈院舉辦第一次的臨床病理討論會（CPC），由臺大醫院的侯書文教授來主持；十五年後，才完成第一百個 CPC。曾文賓榮譽院長、陳英和名譽院長都非常地支持我們的 CPC，曾文賓榮譽院長很用功，都會親自參加，雖然後來身體比較不好，無法每次都參加，但只要他有來，都會給我很大的鼓勵。總計到二〇二一年三月總共舉辦了一百五十九次。

慈濟的臨床病理討論會還有一個特點，就是全部都是由學生講述發表。醫學生到五、六年級的時候都在醫院訓練，所以我選的臨床組學生，大部分也都是在醫院曾照顧過案例病人的實習醫學生，也更能了解當時的情況。所以同一個案例，請五年級見習醫學生講病理，六年級實習醫學生講臨床。譬如一名病人一直有肺高壓，但六年級的學長會以病歷記錄來診斷，「這個病人住院十三次，我們查出來他厚厚的病歷裡，十三次都是用呼吸的症狀來表現，正常肺部高壓大約十八到二十五，這個病人高壓是四十，已經是很嚴重的肺高壓，所以我們推測的肺高壓原因有十三種，那我們全部列出來，我們推測病人是不是A？還是B？有什麼佐證？」病理組的就以沒有臨床資歷，以解剖的病理判斷去講，我解剖之後，也不讓病理組的學生去告訴臨床組結果是什麼，因為他們會有自己的想法，他們的報告與我的報告都是要彼此做驗證的。當天兩組各自發表後，最後才會揭曉，原來診斷是「甲狀腺亢進造成的肺高壓」。

有一次要討論的案例，就是有一位骨折的病人，醫師要開刀幫他接上骨頭，沒想到還沒開刀，麻醉完病人就突然窒息，臨床醫師一直認為是吸入性肺炎，但病人狀況越來越差，治療一個星期就過世了，醫療人員不知道為什麼。我解剖下去後發現死因不是吸入性肺炎，而是病毒感染，是不是很震驚！

病人因為肺炎，所以X光看起來肺部是白的，但肺部變白有很多種可能，病毒感染也可以變白，細菌感染也會變白，所以臨床醫師透過經驗認為這樣極有可能是細菌感染引起，結果是病毒感染，所以整個治療方向就不一樣了。

但這也是非戰之罪，因為幫病人抽血檢查時，他對病毒的反應是陰性，但往生後，我解剖出來卻是陽性。為什麼會這樣？我們調查後發現，原來當病人免疫力比較差的時候，抗體會出不來，我們抽血檢查就是看抗體反應，如果今天是一個糖尿病或免疫失調的病人有這種病毒感染，抗體是出不來的。

通常病人往生後會送病理解剖，就是因為不了解死因，一方面醫師自己想要知道答案，一方面也要給家屬交待。而結果就是因為找到證據，可以讓原本在臨床上不能確定的原因真相大白，只要醫師願意跟家屬解釋確切的原因，而且是沒辦法避免的結果，家屬大都能接受，而我們也因為這些大體老師的貢獻，透過解剖與臨床病理討論會，才能夠往前又跨了一大步，造福其他的病人。

點滴累積的價值

我後來就將這些比較特殊的病例，譬如脂肪栓塞、自體抗體、或是慈濟師姊的淋巴內血管瘤等，整理成簡報檔案，巡迴全臺跟其他醫院分享，讓更多醫院和醫師知道這些罕見特別的案例，就能幫助到更多病人。彰化基督教醫院、中山醫學院附設醫院、高雄醫學院附設醫院、臺東的博愛醫院等這四家是我固定去上課的醫院，若有其他時間，也會去其他的醫院分享病例。

成功大學附設醫院的陳笛詠醫師，是慈濟醫學系的畢業生。還在慈濟接受訓練時，曾在加護病房照顧一位老伯伯，這個老伯伯因為心律不整入院，同時有肺氣腫。

陳笛詠醫師將病人一系列的X光片追蹤下來，發現老伯伯有肺部間質纖維化；間質纖維化的原因不明，但陳醫師也發現，當時病人有長期使用一種心律不整的藥「胺碘酮」（Amiodarone）。我曾解剖過相關的案例，在他讀醫學系時，我教過他們，這種胺碘酮會造成肺部纖維化、脂肪肝、甲狀腺機能低下。因此，陳笛詠醫師發現病人有間質纖維化的狀況，又有吃胺碘酮，所以就懷疑會不會是這個藥物引起，所以他馬上幫病人抽血做甲狀腺素的檢查，結果真的是有甲狀腺低能的現象，他更加確定病人的肺部間質纖維化跟甲狀腺機能低下與這個藥物的關係。

他馬上通知我，告訴我現在這個病人情況不好，他已經勸說家屬為病人做病理解剖。結果病人往生後，我做了解剖，證實真的是這個胺碘酮造成的肺部纖維化、還有甲狀腺機能低下跟脂肪肝。胺碘酮這個藥物會影響三個器官，我在幾年前做過的解剖，那位大體老師身上只有看到甲狀腺跟脂肪肝的問題，這是第一次發現肺部纖維化。我覺得很欣慰的是，笛詠有想到我曾教過的東西，馬上學以致用，然後從病人肺部纖維化這樣回溯回來幫病人找到原因，真的非常仔細，非常好。

這個案例我也拿到彰化基督教醫院去巡迴分享。分享完以後，院長很警覺胺碘酮這種藥物竟然會造成那麼嚴重的肺部纖維化。當天臨床病理討論會結束，他馬上到藥局請他們設定這個藥物不能給病人長期使用，一定要監測甲狀腺機能和肺部的問題。這就是教育，也是病理帶動醫學進步的契機！我們解剖的目的就在此，永遠有教育的意義在其中。

當我到各校巡迴授課和演講時，逐漸發現了醫界價值觀的改變。當年我在臺大受訓時，醫學教育很重視病理解剖這一塊，但漸漸的，逐漸沒落而被忽視。各醫院陸續喊出「我們沒有案例了」、「沒有大體來源」，有人甚至講出，「只是因為你慈濟還有大體，所以你提倡」。其實不是，病理解剖可以幫助提昇醫師的能力還能嘉惠病人，這是各家醫院都可以自己完成的事情，只是願不願意去推動；就算醫院不再推病理解剖，各家醫學院都有大體解剖的課程，也一樣可以蒐集案例，累積成自己的資料庫。

有一次我到南部某醫學中心演講，對方的主任就要求我，「你可不可以再拿一些案例給我們？」當時我心裡不太舒服，這是我的智慧財產權，我要怎麼貢獻更多的案例給他們呢？我跟他說，你們自己也有案例啊！他說：「你怎麼這樣講！」

其實我每一年去上課，都會帶兩個大體解剖案例去教。一學期的課是十八週，我去一週，如果沒有案例，其他老師沒有東西上病理課怎麼辦？他們說：「我們又沒有案例，要怎麼做呢？」我問他：「你們的大體解剖學有沒有上？」他說：「有啊。」我說：「你們解剖學的大體老師就是病理老師。」我告訴他，我現在除了醫院每年有二到三個由臨床醫師募來的病理解剖，另外十到十二個案例，都是在醫學系大體解剖的老師身上蒐集來的。我跟對方說，醫學系三年級都有解剖課程，每次會有十二位大體老師。我在學生解剖後的尾聲入場，幫每一位大體老師做切片，做完切片再把他們生前的病歷、影像，結合解剖後切片的診斷合在一起，這樣每一個大體老師都可以作為一個完整的案例，一年就可以幫自己累積十二個案例。

不過，真的還是很少病理科醫師會願意這麼做，第一沒有額外收入、第二是自己另外要付材料費、第三還要花自己的時間，就是端看自己的價值觀，我沒有捨棄這些標本，並且花了心思下去，所獲得的成果和教育價值，是花再多金錢也買不到的。

從第七屆慈濟醫學系的解剖課開始，我年年都會去做大體老師的切片，我只是很虔誠的去做，所以當其他醫院羨慕我手上有這麼多的案例可以分享時，並不知道成就感就是這樣一點一滴累積起來的。會這樣做，要回歸到教育的意義，也是病理討論會的重點，我們往前進一步，活用大體解剖課程與病理解剖，首創全臺醫學院校中獨一無二的「大體病例討論會」。

七年來最好的一堂課

解剖課是醫學系三年級必修的一堂課。慈大醫學系第七屆，有一組同學的大體老師有主動脈剝離，由於學生才三年級，還沒上過病理學，他們根本不知道主動脈剝離是什麼，他們就直接衝到我辦公室來找我。「老師，你能不能來幫我們看一下，這個病人的主動脈為什麼會這樣？」我看了告訴他們，「這是主動脈剝離，夾層裡面都是血，血液都留在心包膜裡。」動脈有三層膜，主動脈剝離就是這些膜和血管分開，血液跑到夾層中間。他們很驚訝，恍然大悟：「啊？竟然有這種疾病！」那時候解剖學科的王曰然老師、主任曾國藩教授就建議我們可以來開課，這麼好的建議，當然說做就做，「大體病例討論會」隔年就開始了。

曾國藩老師跟我說，大三學生做大體解剖，結束之後這些標本丟掉真是太可惜了，希望我們病理學科可以幫忙，當學生做完大體解剖後，總共十二個案例病理科醫師可以後續去取大體老師的器官樣本，然後包括生前的病歷、所有的X光、影像資料匯集起來，下學期就將學生分成十二組，發表他們負責解剖那位大體老師的病理報告，每一組都加入四年級的學長姊指導，因為大四醫學生剛學完大體解剖課，記憶猶新，如何切割、如何看病歷都很清楚，指導大三學弟妹等於溫故知新，重新再學習一遍。

於是從第七屆開始，我正式參與大體解剖課程。當學期末大體解剖課完成，要將老師們的器官歸位縫合之前，我會進場為每一位大體老師取下切片。不過，在進場之前，我會先把每一位大體老師的生前病歷全部讀過，如果生前是診斷乳癌的大體老師，她的病歷上寫著骨頭、肺部、肝臟有轉移，我進去做切片時，一定這三個地方都看，學生跟在旁邊，與我一起對照病歷上的記錄，然後再檢查其他病歷上沒有寫到的地方，有時候會意外發現一些病歷上沒有記錄的狀況。

譬如曾有一位罹患肝癌的大體老師，當我伸手進去一探，扶起肝臟時發現主動脈有一個差不多五公分的腫瘤，這是生前並沒有被發現的。所以病因還是肝衰竭往生沒錯，但是我們意外發現了一個動脈瘤，學生也學到了動脈瘤的發生、外型可以長得多大、破掉了會怎麼樣、如何處置，這都是這一組學生下學期開學要上臺講解的疾病。

這門課其實對教授解剖學的老師造成很大的負擔。總共有四位老師，解剖由曾國藩老師帶、放射科是張寶源醫師，病理都是我，第四位就是臨床老師。每個案例我會依照大體老師的疾病安排一個專門的臨床指導老師，譬如乳癌我就請血液腫瘤科的朱崧肇醫師（慈大醫學系首屆校友）來指導。學生們拿到病歷，先向臨床老師請教，討論之後到放射科找張寶源醫師學習看影像，然後再來病理科和我討論，我會秀出切片給他們看，教學生如何做一個完整的簡報上臺報告。

因為學生們拿到的是生前的病歷，和身後由我們病理做出來的診斷結果，大概有百分之九十是完全一樣，但會有百分之五到十會是不同的結果，這些意外就是讓這群醫學生在成為獨當一面大醫王之後，每當要判斷、診斷疾病時，成為可以提示他們的資源。

我比較辛苦之處在於大三下學期剛開學，我就要帶著學生認識最基本的病理，前四週先上基礎病理學，從細胞怎麼受傷、怎麼發炎、修復到如何變化為腫瘤，一個月的課結束後，就分組帶他們看切片，再一組一組帶他們認識大體老師，這時候醫學生也是似懂非懂，要從最基礎的開始教，每一組輪流，第一組教到可以上臺報告後，第二組又開始了，學生每一組學習時間是五週，我總共要持續十八週。

學生發表的當天，包括我、放射科、每一組的臨床老師等等都會在臺下聽取簡報，曾國藩老師會廣發請帖邀請醫院的醫師來參與，如果有一組要報告的是乳癌多發性轉移、乳癌轉到腦部的案例，慈濟所有醫院的醫師都可以來聽，甚至遠在大林慈院專門治療乳癌的醫師，有興趣的話也會報名，討論會當天就會來聽，都是自費自假，當然我們這些老師不是隨便聽聽，聽完都要給予回饋和講評。

當遇到很稀有的案例，就算非臨床指導老師，我也會請廣發邀請，請其他醫師一起來了解與指導。近年醫院的「病理解剖」越來越少沒錯，但我們的「大體解剖」越做越好。

這門課全臺只有慈濟有。曾國藩老師本來不想再開了，但是有一次有畢業生回來跟他講了一句話，讓他深受感動非堅持下去不可。畢業生告訴他，七年來他覺得最好的一堂課就是這門課。他說，從三上開始做大體老師，每個器官都看了，最後還可以完整了解大體老師們的病歷和疾病，最後回想起來，是最真實、最有價值的一門課。就是這樣，每一年我們也覺得很辛苦，但有了堅持下去的理由。所以一年一年做下來就沒有停過了。

我有一次到臺中參加慈濟醫學年會，有幾個慈大畢業生跟我說，某個南部的醫學中心臨床科醫師覺得我們這門課很新奇。其實我雖然很樂意把我們發現的稀有或特殊的病歷教給大家，每次到別的地方去做臨床病理討論會分享時，他們都會說：「哎唷，這麼好的病例都被你們慈濟拿走！」真的是這樣嗎？應該是他們不做，而不是都被我們拿走。之前也有病理科主任希望我多給一些案例，但各校醫學系都有自己大體老師，各校自己都可以做，一起進步，但很多醫師現在已經不願意做解剖，認為沒有價值，不願意支持。

我們每一年從病理解剖到大體解剖，一年十二個案例，從讀病歷、實際做、切片再做驗證，花了好多時間。雖然花的是自己的時間、自己的精神和金錢，但別人不做的，慈濟還是繼續做，只要是對的事，我們就要堅持做下去。

我見過最熱情的病理醫師

口述——**吳雅汝** 慈濟大學醫學系第七屆畢業生
花蓮慈濟醫院重症加護內科主治醫師

我讀大三時就知道許永祥老師，但大三的時候大部份時間都是解剖課，真正的病理學在大四，大四的病理課蠻重的，除了課本，還有切片和實驗。老師會要我們一邊看切片時，還要把看到的東西畫下來，下課後還要複習。

老師上課跟下課不太一樣，老師的外號叫「鐵漢」，那是我們對他尊敬的暱稱。他上課很認真嚴肅，竭盡所能的把課本裡的東西教給我們，並跟他的經驗做連結；如果是玻片上的東西，也會告訴我們這個切片曾經的故事是什麼，就像把一些種子種在我們心裡。

老師下課後都會去醫院的同心圓餐廳吃飯，我們剛開始不知道老師下課後是很活潑的，我們去餐廳拿飯的時候，就會坐在一起吃，如果我們先到，老師就會來找我們，我們才知道他喜歡熱鬧，私底下會講笑話，也蠻好笑的，所以我們也蠻享受看到老師不同的樣子；老師的年紀感覺就像是我父親的年紀，所以大部分的時候我是把他當成父親來看待，這是他在我心裡不為人知的畫面。

大五之後，我們進了臨床。我是七年制的醫學系，五、六、七年級都在醫院。那時候五年級和六年級都必須要做臨床病理解剖報告。五年級時偏向沒有臨床資料，解剖之後從解剖提出病理觀點和臨床醫師溝通；六年級之後，就改用臨床科醫師的角度，回來跟五年級的病理組討論。以前在大學上病理課，課本的知識是比較死的，但進入醫院接觸病人之後，病理的知識很快就可以應用上，這時候才回想起老師在病理課時都有跟我們講過，只是那時的我們不懂。

我那時候年輕氣盛，還不曉得醫療上有很多不能解決的事，會覺得怎麼可能有那麼多問題是沒有辦法找出答案的。當時會覺得，只要去追，什麼事情都一定都會有結果，要看當事者有沒有用心而已。現在回想，就是因為年輕，有時候也會出言不遜。

後來自己當了內科醫師，內科常常沒有什麼開刀拿取組織先檢驗的機會，病人就走了，有很多時候是靠醫師推論想出死亡的原因。特別在這段推敲的過程當中，若有病理醫師的協助，可以看到病理結果，將會是我們推論的一個強而有力的證據。因此幾次的聯合討論會上，如果有機會能夠邀請到許主任，都備感榮幸。

我的科別是在重症加護病房，病人都是偏向重症甚至瀕死的狀況，所以在這幾年，我跟許主任的主要合作，大都是看有沒有可能藉由切片找出什麼感染。感染在內科系來講，只要有抓到感染源、盡力治療，都是有機會的。各個次專科都會遇到感染這個問題，如果從血液培養可以知道結果，就可以正確投藥殺菌。很多時候從現有的臨床症狀無法判斷是什麼感染，這時候就要切片。許主任在過去十年當中，協助內科做了各式各樣的感染判定，包括 SARS 在流行的時候，第一例死亡的案例，原本以為是 SARS，但後來證明是鉤端螺旋體。如果沒有切片、沒有更進一步證實，我們就會相信是我們原本想像的。

如果是感染，也不是一個檢驗盤子下去，我們就會全部都得到答案，一定是我先懷疑有四種可能狀況，病理科就幫我用這四種狀況下去染色檢驗。如果病人是第五種，就表示那是我跟病理科都沒想到的狀況，有可能做不出結果。所以很多時候一定要靠內科和病理科互相討論，主任他會跟我分享過去病理做過的經驗，我會分享臨床的表現，我們討論覺得像什麼，才能歸納出需要病理科做特別染色的地方。

如果我打電話過去跟主任討論我的作法，他會很快的回電告訴我他的想法，有可能他不贊成，也有可能他贊成，但任何方法，他只要一有結果，就會「馬上」回電。我可以感覺得出來，主任不會認為自己是病理科醫師，就只在後端處理病理的事情。我沒有看過其他的病理科醫師這麼熱情的去追蹤臨床，他會把他的資訊給我們臨床醫師，甚至過了三、四天之後，還會主動追蹤，問我這個病人有沒有好起來。如果發現沒有的話，他就會開始覺得，這個病人怎麼救不活呢？是不是還有什麼原因？他就開始繼續想。有一次他還打電話問我：「病人的黃疸有沒有下來？」一般病理醫師只會告訴你病理診斷的結果，不會另外問，「他肝臟好不好，他怎麼沒有好起來？」

我最近這幾年，一直在研究城堡人（Castleman Disease）這種案例。

他們的表現都是多發性的淋巴結腫大。一開始我對這個疾病非常陌生，也是因為在臨床上遇到瓶頸，一直沒辦法突破這種病人的死亡率，也不知道診斷是什麼。大約五年前左右，每隔一、兩年就會有這樣的個案，這些病人在病理上有一些特別的診斷條件，主任開始就幫我們做出診斷，所以我們開始做一些研究。

「城堡人」是發現這個疾病的人的名字，所以用他的名字命名紀念。這種疾病可能會發燒、虛弱、冷汗、體重下降等等，通常看不出來是什麼病，就會一直奔波於各個醫院之間，可能會被當作感冒，比較輕微的時候，也會自己好，發燒也會自己退燒，後續就會越燒越高，甚至身體失去所有機能。這樣的病程會拖一、兩個月，甚至一、兩年。

我在二〇一五年時第一次遇到這種疾病，因為很罕見，書上也沒怎麼教，所以不懂。二〇一六年以後，對這個疾病比較知道了，但盛行率很低，很久才會碰到一個。之後又遇到一個這樣的病況，也是一樣送病理檢查。這個病人在生前並沒有檢查出來，他有發燒、多重器官衰竭，但細菌培養不出來，也可能是細胞素影響，最後定調為某種感染。病人死亡後過了大概兩個月，主任又打電話跟我說，他重新檢視了這個病人的切片，他覺得是「城堡人」。他想跟我討論，病人的臨床過程像不像這種疾病，當我聽到他的研判之後，我們就回頭再去看病人的過程，就覺得如果是這個疾病，那麼所有狀況就全部可以解釋。

這種疾病，以病理的角度來講很難診斷，以臨床的角度來講也很難診斷。所以後來我在臨床這端也做一些閱讀，主任也在思考可以檢驗哪些部份，怎麼可以診斷得更好。

我對這件事印象最深刻的，是主任不會因為病人已經死亡了，或已經診斷出結果，就停止下來。他有時候想到覺得奇怪，或是他參加什麼醫學會、或是新獲得什麼知識，他回想起來，還是會繼續把片子重新拿出來看，就算隔了兩個月以後還是有其他想法，他也還是會打電話給臨床科醫師說想要討論。他會提出建議給我們，問我們是不是要更改診斷，我覺得這真的是非常少見，但其實會覺得很感動的事情。

後來我對這個疾病慢慢有概念後，就越來越熟悉。我們診斷出這是任何人都有可能得到的疾病，都會有幾種先行感染，然後才會發生。因為書上說感染其他細菌病毒也有可能誘發，花東這裡常伴隨有恙蟲，也有可能是恙蟲引起。經過我們改善整個流程，二〇一六年之後，病人的治療成功率就比較高一點，這類病人我們可以趕快診斷，有些藥物就可以申請，病人就可以存活得比較長。

想起以前上主任的課，他有一句話我到現在還記得很熟，他說「只要生命中一天有電燈，就每天都要唸書」。這句話一開始對學生來講，真的是還好，因為學生本來就是一直在唸書，我就會覺得每天唸書有什麼了不起，我也會啊。但現在到了臨床之後，才發現每天都能翻閱教科書，查閱文獻，是需要有毅力和熱情的。老師的熱情，深深的感染我們，數百名學子，走上醫學的不同次專科，但都記著老師的熱情和對學生的愛，讓我們各自在自己的崗位上發光發熱。

啟發我醫學熱情的推手

口述——**黃威翰** 慈濟大學醫學系第四屆畢業生
花蓮慈濟醫院血液腫瘤科主治醫師

我還記得四年級那一個暑假兩個月的時間，我跟同學們，包括現在在輔仁大學附設醫院的楊子孟、在臺中慈院小兒科服務的李宇正，還有在高雄長庚心臟科的李建和一起留在花蓮，跟著老師整整做了八例病理解剖，老師直喊真的沒遇過暑假那麼累的，但也很感恩臨床醫師能勸病人家屬將困難或罕見病例接受病理解剖，讓醫學生能夠看到許多珍貴的病理切片。除了解剖之外，剩餘時間就幫忙老師將前一百三十例解剖個案整理成病理標本。我們把標本綁線固定好後將其泡在福馬林的罐子裡，再把標記貼好。做好之後，再交給下一屆孔睦寰他們數位化。我們那時候的想法，就覺得把標本都處理好，以後學弟妹就可以不用翻開福馬林罐拿出一個一個器官找病灶在哪，看著標本罐（數位化後在電腦上）就可以看到切片的重點與細節了。當時的信念很簡單，就是「One for all, all for one.」我們醫學系剛開始的前幾屆，都有很強的信念，就是我們在這個年代可以為未來學弟妹做的事情，可以先做好，彼此都是互相回饋的，我們希望把整個學校、整個醫學系和教學都弄得更好。

我真的覺得老師是一個實踐醫學人文的人。老師在講課的時候，他不是只有單純講病理解剖，也帶領大家探討致病機轉。每每透過這些病理教案，在討論中都被老師生動的描述帶回病人原本活生生的樣子。老師有著硬漢或鐵漢的綽號，上課聲音如雷宏亮，性格也很硬，他覺得不行就不行，把不努力的學生當掉就是當掉。一開始上課大家都很怕他，但他的鐵漢柔情、追根究柢的精神、還有教學的熱誠，不僅僅是每個醫學生被感染，進到臨床後，在各式各樣的研討會中，不管是學生的大體病例討論會，外科病理討論會、臨床病理討論會等，仍持續感受到老師對後輩的諄諄教誨。老師常常以「醫師的老師」來提醒大家，就是深怕病生理機轉研究得不夠透徹，會重蹈覆轍，所以一定要讓自己足夠到可以幫助臨床醫師，才不會犯相同的錯誤。

我還沒畢業之前，同學之間有一個小風潮，就是擔心在花蓮可能很偏遠，會跟西部脫節，所以那時候我們很常跑去其他醫院見實習。當我到其他醫院，因為也有外科病理討論會，開會時坐在底下的醫學生、住院醫師就會猜臺上老師在講的案例最終的診斷是什麼，我記得當時有一個很困難的案例，當我聽完了臨床病史還有手術的狀況，心裡隱約知道，以前許主任上課有上過，是一種很罕見的腫瘤，很難治療也沒有什麼很好的藥。結果在場的其他資深住院醫師都猜錯了。答案出來，果然慈濟訓練出來的同學們都想到正確的診斷。當下真的很讚歎「老師教得好，我們沒有辜負老師的指導」。在病理切片裡面，腫瘤還是佔大多數，所以跟著老師看，學怎麼判定這些惡性的疾病，還有跟病理的連結，慈濟醫院的病理基礎在許主任這樣帶上來，訓練上真的很紮實，讓我印象深刻。

老師很厲害，每個學生的名字，在學校的點點滴滴他都記得。我們畢業後，留在花蓮的人算少數，跟老師都在醫院服務，所以平常跟老師還是都會有互動，老師還是一樣很「有威嚴」。

病理本來就是最後的大判官，如果一個病人同時有好多個問題，他覺得病生理機轉連結很奇怪的時候，就會開始找答案。我女兒都知道夜深人靜時，我的手機鈴聲響起，不是醫院的病人有狀況，就是老師打電話來討論。老師真的很認真，他有時候晚上在辦公室加班就算了，如果某個疾病背後的病理機轉他想不通，跟臨床數據有問題，他就覺得「怎麼會這樣？」，然後馬上把有疑點的地方拍照下來先傳給我，他回到家可能梳洗一下又有新的想法，又再傳來給我，有時候他等不及我回覆，就會覺得直接討論比較快。所以剛開始他可能只是傳訊息叮咚叮咚，到後來就直接打電話過來，有時候我可能剛好去洗手間，電話一響沒有馬上接到，我女兒都知道催促我：「把拔！趕快啦！許主任找你啦！」主任為了追求臨床和病理的結合，就是會追根究底。

老師這種求知的精神，其實不是只有我被「攻擊」，大家都收過老師討論的電話。老師可能知道我是「暗光鳥」，所以想說沒關係打電話討論一下。但有時候那個問題真的很難，我一時也沒有解答，只能跟他說：「老師我想一下再回你。」確實有些問題也不是馬上就想得通，不過我也是被老師教育成打破砂鍋問到底的人，就算病人十點、十一點打電話給我也沒有關係，跟老師一起討論當然更不是問題。

醫學系有大體解剖課，這原本是解剖學科負責，但學校希望生理、病理、藥理「三理」以及解剖學可以整合，所以後來醫學生們在三上大體病例解剖之後，在三下多了一門病例討論會。當然這課也是由許老師承擔下來。而我們臨床老師也要提早上場，老師會依據大體老師的疾病，來指定我們當臨床指導老師。

其實最辛苦的就是許老師，因為我們臨床老師是一個人負責一兩組，老師是十二組都要跟。而且不敢想像他有多認真，因為這些大體老師其實跟他並沒有什麼關係，病人都過世了，也不是線上的病人、甚至有些是師姑、師伯在外院往生後想回花蓮當大體老師。每一份病歷許主任都仔細的看，當他看不懂臨床醫師寫的內容，就馬上來問，再去推論背後病、生理的機轉是什麼？連這樣的個案老師都很認真，連半夜都還在思索其中奧義。我真的覺得，老師對自己要求很高，這種求知的精神，真的太令人敬佩了。

我可能這輩子都不會忘記，二〇二一年的四月，我帶著學生在小組討論後去病理科找許老師看大體病例的病理切片，那時候看到他人瘦了一大圈，坐在椅子上累了就睡著了。趕緊勸老師細查原因後，他居然真的生病了。

我雖然從見習時就立定志向要走血液科以及骨髓移植這門學問，但我覺得不管畢業後選擇的是不同的專科，但大家都不會忘掉，病人生病時背後病理的機轉是什麼，而許永祥老師對大家的啟發，那份對醫學的熱情與執著，是我們成為醫師、對醫學維持一輩子的熱情的最大幕後推手。

【卷五】

通達諸法 得大智慧

——進入慈濟的轉變

我的改變

以前的我就是一個中規中矩的人，至少沒有那麼開朗，來慈濟之後，慢慢受到薰陶，慢慢培養，心情轉變，最後整個人變得容光煥發。我想來慈濟學到的就是什麼是價格？而什麼是價值！如果認定是有價值的事，就可以傳承下去。

過往在臺大，天天生活都非常緊張，剛來到慈濟，每天聽到「要付出」，表面聽起來會覺得很不習慣，覺得很高調，但來到這裡三十年以後就覺得這不是唱高調啊！雖然慈濟人文乍看很奇特，但大家真的都是這樣的想法、這樣去做。我是領慈濟薪水的人，慈濟志工卻是真的完全付出無所求，不領任何薪水，那才是我心中真正的「慈濟人」，看到他們無私奉獻是真的會被感動到。

我以前帶過的學生，還有其他跟我認識很久的慈濟志工都能感覺到，我這幾年的轉變。

二〇一三到二〇一四年之間，是我人生最低潮的時期，那時遭受到相當重大的打擊。歷年來教師升等中，我算是最悽慘的一個，前三次升等教授都沒有通過，所以第四次我投入所有精力，日夜無休的全力以赴，卯足全力堅信這一次一定要通過。但審查委員一定比我們更專業，有其審查機制，他們可能認為我的論文份量還不夠，所以當我收到通知，發現自己升等教授「四度四關都沒過」時，我已經快要崩潰了，因為結果和預期差距太大，加上那時候身體出了毛病，成為一個引爆點。我很焦慮，睡不著，整個人無力，還請了一個星期的假。

我去做身體檢查，發現有一顆腎臟腺腫瘤，那種腫瘤是我教學時最熟悉的，幸好放射科醫師告訴我，那是增生，不是腫瘤。腫瘤是一個基因擴大，增生就是皮質變厚，這從抽血、電腦斷層都可以確認。不相信的我又拿著所有電腦斷層的圖片和檢驗報告去臺大醫院，請臺大的內分泌科主任幫忙看，他也是同樣診斷。直到雙重確認那顆只是增生，真的不是腫瘤，我的心情才慢慢緩和下來，開始自我調整。

身體會發生問題一定有其原因。我認為，第一個是太拚太操，身體過度增生的腎上腺皮質在做怪，分泌很多賀爾蒙，使得鉀離子一直流失，是引爆點。第二個原因是，一個人睡不著太痛苦了。要感謝太太當時的陪伴，我們家庭的飲食也因此做了改變，以前幾乎都是外食或外帶，後來就開始回家自己料理。

以前我看切片，看到什麼都是眼睛發亮，但那段憂鬱期，每天好像都是硬撐起眼皮來工作。二〇一四年，我就跟王本榮校長（現任慈濟教育執行長）提出辭呈，辭掉大學的病理學科主任，他挽留不成到最後還是答應我了，我休息到二〇一八年才恢復主任的教職。

那段低潮期，病理解剖也越來越少，所以我很專注的在教醫學系三年級的大體解剖課，仔細閱讀每一本病歷當中，慢慢發現裡面有很多醫學和人生的道理存在。我也參加了慈誠懿德會，慈濟大學一大人文特點，就是證嚴上人邀請慈濟志工擔任各班學生的懿德媽媽慈誠爸爸，一個月相聚一次，以父母心去關心在慈大就學的孩子們。我當了醫學系孩子的慈誠爸爸，這跟擔任導師不一樣，我是以志工的身份，在和其他的懿德爸爸媽媽們相處時，看到他們歡喜無私的付出，自己學著慢慢調整心態，整個人身心狀態也就慢慢復原了。

到慈濟最重要的改變就是從這裡而來。其實，我也不是剛開始就很認分，有時也會抱怨，就覺得做的比較多也沒有領比較多錢呀！但慢慢的，在潛移默化中，看到別人歡喜付出，我調整了自己的個性，學會不計較、不比較。

我跟太太說，「看過這麼多大體老師，人生就是這樣，真的沒什麼好計較。」

二〇一八年，我參加員工體檢，做了核磁共振，看到頭部的影像裡面有三個洞，放射科吳彬安副院長問我，「許主任，你的肢體沒有問題嗎？」我回他：「沒有問題耶！」後來回想，二〇一四年時我身體癱掉，硬著頭皮上班的過程，應該就是小中風。血壓很高確實是一個因素，我到門診量血壓，收縮壓都高到一百八十、二百毫米汞柱。

二〇一八年體檢也發現我有心房顫動的問題，左心房一直收縮，所以我的小中風應該是血液凝塊在左心房，掉落的時候就跑到腦部。小中風有時候症狀不是很明顯，慢慢的也可以自己站起來。經過這一段歷程，我就覺得任何事應該要開朗面對，每個人都會有這麼一段難熬的時期，踏過這個關卡，想開了，就豁然開朗。

很多人都覺得，我的口才跟邏輯都很好。要教書就是自己要有邏輯，在研習碩士課程時，需要演示報告自己的研究或論文，教授會指導哪裡要改、哪裡要加強，久而久之自然就變強了。慈濟醫院每天都有志工早會連線，聆聽上人開示之外，各院醫師也會輪流分享，分享的時候不用太刻意，我認為所謂的口才，絕對是講出真心話就夠了。

我在這裡很守本分，從來沒有感覺過鬥爭，歷任的院長，對下屬真的都非常好，因為他們都是接受上人託付，把大家當成自己人。雙親家中都會燒香拜拜，比較屬於道教。我個人並沒有那麼虔誠的宗教信仰，但在人生低潮期，王本榮校長送了我一本證嚴上人講述的《無量義經》，偶而我會翻開看，讀到有感受的內容，也會在課堂跟學生分享。其中有一句：「無量法門，悉現在前，得大智慧，通達諸法。」這句佛典，不就是在說我所從事的病理工作嗎！病理解剖或是切片放在眼前，不就是無量法門悉現在前，答案就在裡面，但我們要怎麼解讀呢？就必須要得大智慧，才能通達諸法。讀經書讓我獲益良多，其中所理解的佛法與人生道理也深深印刻在心中。二〇〇八年我完成了慈濟志工的培訓課程，證嚴上人為我授證，賜給我的法號是「濟永」。

電腦無法取代的角色

過去，病理科醫師的待遇比較不好，比不上臨床醫師，近幾年已經改善很多。其實病理科醫師的工作很穩定，慢慢也有學生願意走這條路，我們醫院有員額，但是沒有人要來，對很多醫師來說，花蓮太遠了。這幾年比較多女醫師投入病理的行列，但為了家庭也要做很多考量，很多病理醫師還沒離開北部就被攔截招走了，為了傳承，我決定積極培育人才。

但這中間也有一大困難，就是人工智慧出現後，各種新式的醫療儀器被研發出來，很多年輕人因為不了解，誤解切片以後只要靠電腦掃進去就可以判斷，所以不需要病理醫師。AI（人工智慧）真的有那麼準確嗎？這是大錯特錯！

舉個例子。臺灣有一家很知名的 AI 公司，從各醫院蒐集了許多的鼻咽癌病例讓電腦判讀，經過統計後，它發表的準確率有百分之九十四。但那剩下來百分之六判讀不準確的病人不就倒楣嗎？如果這百分之六的人是你或我，那該怎麼辦？

AI 可以運用在研究，但我還是不贊成百分之百依賴 AI 做診斷，一定會有誤差。

最早 AI 判讀是從子宮頸抹片開始試驗，有一家香港的子宮頸抹片公司電腦化，研究出一臺機器，可以判讀子宮頸抹片正不正常，如果成功，將來就不需要請細胞醫檢師。大家一聽，這樣不是很好？以後可以節省好多人力開銷，結果實施不到一個月就收攤了。

這家公司就是請每家醫院提供二十份抹片，一份就是兩片，一片由醫院的醫師自己判讀，一份寄過去給電腦判讀。結果判讀回來，每一家醫院發現由電腦判讀的抹片，二十片中都會錯個一、兩片，看起來很少，但錯誤率就是百分之五，整個臺灣用百分之五來算，這樣錯誤率就很高了。癌症細胞跟正常細胞的差別很大，這個科技公司受不了這樣的風險，所以就停了。

但 AI 還是可以協助醫療的進步，花蓮慈院在林欣榮院長的支持下，也要買機器掃描器，但不牽涉到診斷，切片還是病理醫師來判讀。每一份切片都掃描起來做成資料庫，除了掃描切片之外，還會變成一份病理報告，譬如有臨床醫師要查肺腺癌的資料，只要進入資料庫，就可以同時看到病理資料，提供他們診斷的參考。

病理醫師的為難與堅持

就像電腦不能完全精準的判斷，病理醫師是無法被取代的。病理是診斷疾病的最後一道關卡，誠實是最基本的操守。

現在的人為了怕醫療糾紛，臨床醫師有一種病歷寫法是概括性的，如果病人發生問題，有可能是Ａ或是Ｂ或是Ｃ，把所有可能都寫進去，這樣如果到了法庭，絕對和他沒關係。

在這樣的狀況下，為了查明真相，法庭會去調病理報告，病理醫師一定要出庭作證，這時候病理醫師如果是逃避性的把所有可能的原因全部都寫進去，大部分都會獲判無罪，可是我從來不要，我認為「是就是」、「不是就不是」，不給模稜兩可的答案。

臨床醫師若難以抉擇，還有病理醫師把守最後一道關卡！想一想，若是連病理醫師都沒辦法做出判定，病人、家屬或是法官又該怎麼辦呢？有些人不誠實，病人明明有癌症，但判讀的那位病理科醫師就是沒有寫進病歷，到底是真的沒看到？或是假裝不知道呢？被逼到最後才說，「啊，其實我是有想到啦。」但實情根本不是如此，所以我還是堅持要誠實說出原委。

幾年前，一個二十幾歲的女孩子卵巢有腫瘤來我們醫院就診，婦產科開刀取下組織，我判為惡性。通常如果是惡性的判斷，都要雙重確認，我請科內的醫生幫忙再看一次，其他醫師看了也覺得應該沒錯，我們就蓋印將診斷發出去了。結果婦產科醫師很警覺，他懷疑二十幾歲的年紀會長這種腫瘤嗎？在這樣的情況下，他還是很謹慎的在幫病人化療之前，覺得要再討論一下。我們開會時，我秀出切片，婦產科醫師也很有概念，他看了之後覺得可能不是。我們討論完後，我心想：「糟糕！可能不是惡性！」我就做特殊染色再確認一次，結果隔天特殊染色出來，證明腫瘤是良性的，我就更改報告，並誠實告知婦產科醫生，婦產科醫生也將結果告知病人。

雖然在預計化療前就已經證明並告知病人了，病人也未受到任何化學治療處置，但病人認為婦產科醫師為避免化療的時候月經可能會出血過多，先幫她施打停經藥物，因此要求賠償。醫院幫我從原本的五百萬元賠償金談到必須要賠一百萬，幸好我有參加醫療保險，還有醫院互助會等等，最後我一個人負擔了幾萬元的賠償金。

這個結果是，我發現錯誤了，我也不欺騙，並跟她道歉，告訴她身體沒有因此受損。病人無法接受，我們還是要承受。後來病人到另一家醫院要調出我們的報告，對方的主任詢問我是否願意出借，我坦承跟這家醫院的主任說：「我們連特殊染色都做了，確實是我的錯誤，我也願意借。」如果有該注意未注意，是很嚴重的事，所以我們研判切片都會有雙重確認（DOUBLE CHECK），我們也這麼做了，雖然如此，當時超音波裡那麼亮的細胞是真的惡性還是假的？我們確實沒有去仔細了解，所以這件事也給我們上了一課。

以前我主持病理委員會的時候，主委是陳英和院長（現為花蓮慈濟醫院名譽院長）。陳院長的處事和處置方式是我最欣賞的，病理委員會剛成立時，他只跟我們叮嚀了一句話：「誠實面對。」他告訴大家，無論遇到任何的醫糾也好、病人不滿意也好，都要誠實面對。對病人而言，他是受害者，就算病人無理取鬧來敲詐，那是他不成熟，但如果我們醫療端不誠實，要一直圓謊，反而漏洞百出。誠實面對，真的要被處罰，就要勇於面對與接受。

所以我平常打病理報告，不會模稜兩可，都是肯定的寫，這是對自己負責。現在病人自主權已日漸提升，各院都可以跨院借片子，如果其他醫院借了我們的影像檢查，然後診斷出不一樣的結果該怎麼辦？一定會鬧出糾紛。

所以我們打病理報告都是戰戰兢兢，萬一真的遇到問題，我們就面對。

這樣的堅持，我只能要求我自己。曾經有醫師想要請我幫忙掩飾，但我婉拒了。曾有一位友院的醫師打電話給我，說明他曾為一位罹患神經瘤的病人開刀，術前做了檢查，但他們當時誤判了，造成病人神經損傷。神經瘤分為兩種，一種是有莢膜的，這種只要劃一刀下去把瘤拿起來就好，不會傷到神經；另一種是瘤長在神經中間，為了取這一顆瘤一定會傷到神經。他們把那顆神經瘤當成是有神經包住的瘤，瘤割了之後，病人的腳不能動，所以病人就提告。由於法院要找另一位病理科醫師當公正的第三方，當時這家醫院希望我幫忙說明那是神經中間長出來的瘤，他們拿片子給我看，我看了確定是有莢膜的神經瘤，應該是一刀下去就可以把瘤拿起來，所以我不願意照他們的想法作證，這不是得不得罪人的問題，把錯的說成對的，這就是做偽證，這也是牽涉醫學倫理與醫德的問題。

無語良師——此生最光榮的診斷

當了幾十年的病理科醫師，每日戰戰兢兢，謹小慎微，都在幫別人解決問題，但人來世間走一遭，還是需要面對自己個人的問題。員工體檢時，就發現自己有心房顫動，還有糖尿病，糖尿病治療好了又復發，再用藥還是控制不住。我不知道其實這些病症的背後還藏著一個癌症，而且是癌中之王。

我的心房顫動問題一直在心臟內科蔡文欽醫師的門診做治療，二〇二一年五月左右，心房顫動得很嚴重而到了急診，蔡文欽醫師馬上趕來處理，幫我做電極整流，心跳就回到正常值了。我開始規律地到門診追蹤時，有一天蔡文欽醫師問我：「老師，你怎麼袖子這裡的肌肉都沒有了！」那段期間體重減輕很多，我一直認為是糖尿病的緣故，本來就會瘦。蔡文欽醫師很細心，幫我測了腫瘤標記CEA，結果出來是正常，腸胃內科幫我檢查糞便也沒有潛血，但血液腫瘤科的黃威翰醫師很警覺，他幫我加做了一個胰臟癌的指標CA199，正常值是小於四十，我的指數一出來有五千多。我回到醫院做超音波，結果就看到了六點四公分的腫瘤，當下真的很震驚，立刻就住院接受治療。

很感恩林欣榮院長馬上召集外科團隊會議，幫我順利地完成手術。但開完後遇到很多併發症，包括幽門張不開，連喝水都進不了。我也很感謝中醫林郁甯醫師每天來幫我把脈、看舌頭、針灸，看他的中藥有沒有讓我進步，在中西合療之下，胃腸慢慢好起來。但回家後突然有一天，肚子的引流管大出血，太太開著車送我到急診，外科李明哲醫師覺得這個大出血不對勁，用電腦斷層又看不到出血點。為了找出血點，我住進加護病房，兩天內做了三次全身麻醉，在肝總動脈發現假性動脈瘤，裝了支架，甚至還發出病危通知。那時候因為疫情，我太太也無法進入醫院，只能在外面哭。

原本擔心身體這麼虛弱怎麼化療，但因為要趕在開刀的四十二天內開始化療，所以王佐輔醫師就幫我一邊打營養針一邊化療。化療當中，發生了第一個併發症，就是右腳血栓。蔡文欽醫師真的很細心，他在我住院的第一天過來看我時就說：「老師的左腳好好的，右腳怎麼腫起來？」馬上做心臟超音波檢查，就看到了十公分的血栓。這個血栓真的很神奇，蔡醫師認為，下肢靜脈的十公分長的血栓，不可能被完全吸收掉，他幫我調整了很久的藥物，結果化療要結束前，再查看這條血栓，竟然已經完全消失了。

血栓發生之後，我的兩隻腳都得了蜂窩性組織炎；蜂窩性組織炎好了之後，又確定只在淋巴看到癌細胞，診斷為二期，應該還好，但因為胰臟癌是癌王，要小心為上，還是要加做保守性的化療。打到第十四次化療的時候，我突然喘了起來，平躺就喘、坐起來還可以，我有自覺，這一定是心臟衰竭。隔天蔡文欽醫師幫我做心臟超音波，看到心包膜積水；王佐輔醫師也幫我安排電腦斷層，結果積水的地方不只心包膜，兩邊的肋膜也都積水了，這就是標準的心臟衰竭症狀。

肋膜積水那天做的電腦斷層，也同時看到引流管經過的地方好像亮了起來。一般影像科主任張寶源醫師覺得不對，李明哲醫師幫我剪了一塊腹膜下來，我請病理科同仁幫我仔細看，結果這腹膜肉眼看不到腫瘤，用顯微鏡看，切片上面已經都是癌細胞了。在這之前，我已經打了十四次的化療，但現在必須打掉重練。之後換藥，施打了七次更強的化療及四次電療，原本預計要加入免疫細胞療法，也再度開刀取出腹腔內腫瘤進行細胞培養，但因為之後身體虛弱而停止治療。

我自己太了解疾病，就是因為太了解了，我都讓自己遵照醫師的建議治療。其實後來復發，我就不想再化療了，但還是很多人關心我，希望我還是要把治療做完，讓癌細胞跟身體和平共存。我很感謝在醫院裡，總獲得最即時的幫助，學生們及醫院老友們都非常照顧我。例如，凌慶賢醫師知道我喜歡吃他太太做的蛋糕，每隔一段時間就會送來；陳培榕、郭漢崇、陳英和等醫師、林院長也經常來探訪關懷。其實所有的文獻我都查過了，唯一作法就是要打這種更強的化療藥物，我就再試試看，遇到了，就是要面對。

有學生來看我，他問：「老師，如果你退休，是不是能再回來學校陪我們看切片？」我當時答應他們，只要是身體還可以就沒有問題。正課可能沒有力氣上了，但還是可以陪他們看看切片，遺憾的是，不知道到底什麼時候可以再回去。

我從上人身上學到的第一句話，就是因緣來時歡喜接受。走過這三十幾年孤單卻充實的慈濟病理路，經歷過很多有驚無險的病理解剖，獲得珍貴的病理資料，從大體老師身上看到長情大愛，也從切片裡，看到無數珍貴的畫面和故事。我仍要勉勵即將成為醫者的每一個人，要時常感恩，感恩慈濟以及所有一切，最重要的是，一定要秉持良心當醫生，觀察你的周圍，感恩在你短暫的生命裡所擁有的一切，堅定地做，我很珍惜這些年來的慈濟情。

原本在二〇二一年十二月二十九日，慈濟大學要幫我辦退休的歡送會，但那一天我因為在做化學治療，所以沒有辦法過去，但我心裡仍有真心想說的感言。

第一是我自一九九五年從美國進修回來，答應李明亮校長幫慈濟大學成立病理學科開始，我就以「多做多得」的心情投入。就像志工精神一樣，除了熱情、熱血、堅持以外，還有我所熱愛的棒球精神——以前的職棒隊「興農牛」那種「本土牛」的精神，努力拚下去，我覺得這就是病理的精神。

第二就是我在當助教的時候，臺大的侯書文教授曾說過，病理的工作，教學排在第一位。所以我一直奉行他告訴我的兩件事——「沒有比學生更重要的事」以及「陪公子讀書」的信念，我永遠把醫學教育和學生放在第一位，一直到我退休。

所以我現在可以很有信心的跟當年栽培我的老師們說，我照顧了所有的學生！學生遇到麻煩，我就把所有事情都排開，優先處理學生的事。當學生很無助，所有學科都考不過，病理也不好時，怎麼辦？我都接住他們了。

在二〇二二年四月的這段治療期間，我對自己的身體狀況很清楚，也已經用視訊電話跟證嚴上人辭行。我主動要求簽署了慈濟大學的「遺體捐贈志願書」，我當了一輩子的病理醫師，最後，希望能繼續當一位無語良師，用自己的身體為醫學生們再上最後一堂課。

簽署志願書時，我除了簡述疾病史，也留下一段話給未來的學生們：

「**老師之所以想要當無語良師，**

第一，是希望你們可以藉由課程學到解剖技術。
其次，由於我這個疾病在臨床表現上是相當罕見的案例，
希望藉由這次可以幫助胰臟癌在醫學上的研究。
老師會幫你們加油！
加油喔！各位醫學系的學生們，希望你們能多用心在病人身上，
要當一位視病如親的醫生。」
師長叮囑我要把學生放在第一位，我做到了！
對病理，我付出了我的一輩子，這是我感到最光榮的事。
而當無語良師課程進行時，就是我此生最後也最榮耀的診斷。

後記

花蓮慈濟醫院解剖病理部主任暨慈濟大學醫學院病理學科教授許永祥醫師已於二〇二二年五月六日週五下午一點四十二分，在家人陪伴下，於花蓮慈濟醫院安詳往生。

許永祥教授最終的心願，就是依從臺灣病理先輩的身教，以大體捐贈圓滿此生最後也最光榮的一堂病理解剖課。

五月九日週一上午八點，在靜思精舍法師、醫院常住志工、慈濟醫療法人、花蓮慈濟醫院、慈濟大學、慈濟科技大學諸位鈞長、師長、同仁、學生的祝福與佛號聲中，感恩前臺北醫學大學醫學院副院長陳志榮教授、臺大醫院病理部吳木榮醫師遠道而來，帶領花蓮慈濟醫院解剖病理部李明勳、陳彥璋、鄭家鈞三位醫師，共同圓滿許永祥教授捐贈病理解剖之遺願，延續許教授一生投注臨床病理研究與醫學教育的至情大願。

行道從來不計身——永懷許永祥教授

劉怡均 慈濟大學校長

五月初聽聞許永祥教授入院，心中著實擔憂，後來得知狀況難以復回，師生多所憂嘆。五月六日許教授驟歸，眾皆傷心，師友門生淒然，親屬同儕恪遵遺命，協助捐獻大體為病理研究。

許永祥教授的逝世，不但是慈濟教育、醫療志業的損失，更是臺灣醫界的重大損失。

許教授自從一九九〇年來到慈濟醫院病理科從標本製作到染色、切片、顯微鏡判讀到撰寫報告等等，夙夜不懈；並在慈濟大學籌備階段就開始為校服務，當年我所服務的細胞實驗室，與許教授所服務的病理實驗室，皆在花蓮慈濟醫院的十一樓，大家共同努力，為著慈濟教育與醫療志業奠基打拼，這份合和互協的志業情誼，彷彿就在不久前。許醫師從事病理研究與教學，任勞任怨、無私奉獻，「苦心孤詣在慈濟，行道從來不計身」，這份用心，一投入就是一輩子，這份堅持與篤定，為著道業而昂首闊步的毅力與勇氣，是慈濟教育志業與醫療志業的人品典範。

許教授的道德操守、學術專業、講授傳習，在學界早有定論，許教授在慈濟服務的第三十年，也就是二〇一九年，由慈濟醫療法人郭漢崇副執行長推動的《慈濟醫學叢書》出版了第一本教科書，就是許永祥教授編著的《病理臨床整合圖譜》。慈濟大學醫學系學生所用的教科書亦是自己的授課教師所撰，這是一個不朽的里程碑，更是慈濟醫療與教學研究的重要歷史！最近幾年許教授與泌尿科醫師合作，進行間質性膀胱炎的研究，對臨床醫學有著非常重要的貢獻，許教授細緻地發現到有些病患淋巴結節八成潰瘍型的病人曾經感染過EB病毒，有效幫助這些病人解決了膀胱疼痛的問題。

除此之外，其他的研究成果，點點滴滴都有論文紀錄，早已刊行於世，對於相關領域都有很大程度的提升與影響。最最要向許教授致上十二萬分謝意的是他對於學生的照顧與關愛。

證嚴上人《良師之道》開示：「老師們若能專心於教育工作，讓學生定下心來用功讀書，引導學生正確的人生方向，這些學生，就是未來社會安定繁榮的力量。」誠然，許教授是慈濟教育志業的良師典範，把生命的分分秒秒都投注在學生的教育與陪伴上，把生命的點點滴滴都烙印在病理學術的研究歷程中，許教授不但是位良師、更是一位良醫，其畢生志業可謂不朽！

國家圖書館出版品預行編目 (CIP) 資料

最後的診斷：病理醫師許永祥的顯微世界 / 許永祥主述；吳宛霖撰文 . -- 初版 . -- 臺北市：經典雜誌，財團法人慈濟傳播人文志業基金會，2022.05
320 面；15x21 公分
ISBN 978-626-7037-60-7(平裝)

1.CST: 許永祥 2.CST: 醫師 3.CST: 自傳 4.CST: 臺灣
783.3886　　　111007417

最後的診斷 病理醫師許永祥的顯微世界

主　　述／ 許永祥
撰　　文／ 吳宛霖
發 行 人／ 王端正
總 編 輯／ 王志宏
企劃、執行主編／曾慶方、楊金燕
前期採訪／ 稅素芃
採訪逐字稿／林芷儀
叢書主編／ 蔡文村
執行編輯／ 何祺婷
美術指導／ 邱宇陞
內頁排版／ 胡雅甯
校　　對／ 佛教慈濟醫療財團法人人文傳播室
出 版 者／ 經典雜誌
財團法人慈濟傳播人文志業基金會
地　　址／ 台北市北投區立德路二號
電　　話／ 02-2898-9991
劃撥帳號／ 19924552
戶　　名／ 經典雜誌
製版印刷／ 禹利電子分色有限公司
經 銷 商／ 聯合發行股份有限公司
地　　址／ 新北市新店區寶橋路 235 巷 6 弄 6 號 2 樓
電　　話／ 02-2917-8022
出版日期／ 2022 年 5 月初版
定　　價／ 新台幣 360 元

ISBN 978-626-7037-60-7 （平裝）
Printed in Taiwan